하나님의 교육이
가득한 세상

하나님의 교육이
　가득한 세상

초판인쇄	2023년 05월 25일
초판발행	2023년 05월 30일
지은이	박상진
펴낸이	박창원
펴낸곳	한국장로교출판사
주　소	03128 / 서울특별시 종로구 대학로3길 29 총회창립백주년기념관 4층
전　화	(02) 741 - 4381 / 팩스 (02) 741 - 7886
영업국	(031) 944 - 4340 / 팩스 (031) 944 - 2623
등　록	No. 1 - 84(1951. 8. 3.)

ISBN 978 - 89 - 398 - 4476 - 6 / Printed in Korea
값 20,000원

※ 이 출판물은 저작권법에 의해 보호를 받는 저작물이므로 무단전재와 무단복제를 할 수 없습니다.

서문

인생을 크게 3막으로 구분한다. 인생 1막은 성장하는 시기로서 태어나 공부하고 자신의 길을 선택할 때까지인데 주로 서른 살까지의 시기를 의미한다. 인생 2막은 가정을 꾸리고 자기 직업 영역에서 열심히 일하는 기간을 일컫는데 직장에서 은퇴하는 때까지를 의미한다. 인생 3막은 직장에서 은퇴한 이후에도 계속되는 삶의 마지막 기간을 의미하는데 백세 시대가 되면서 이 기간이 상당히 길어지고 있다.

이 분류에 따르면 필자도 이제 인생 2막을 마치고 인생 3막을 시작하는 시점에 와 있다. 장거리 경주에 비유한다면 경주 코스의 삼 분의 이 정도를 뛰고 저 멀리 골인 지점이 다가옴을 인식하면서 이제 코너를 돌아 달려가고 있다고 할 수 있다. 정해진 코스가 있다면 그저 달려가기만 하면 되지만 여러 길이 앞에 놓여 있거나 블루오션 같은 망망대해가 펼쳐져 있다면 어떻게 미래를 향해 나아가야 할지 막막할 수 있다. 이때 가장 지혜로운 방법은 북극성을 바라보듯이 하나님께 간구하여 그분의 인도하심을 받는 것이고 또한 지나온 세월 동안 하나님께서 어떻게 인도하셨는지를 돌아보아 그 연속선상에서 인생 3막을 계획하는 것이다.

이 책은 나의 장신대 교수 정년 퇴임 후를 하나님의 손에 의탁하면서 오늘에 이르기까지 하나님께서 어떻게 나를 인도하셨는지를 돌아보기 위한 목적으로 준비되었다. 나의 지나온 기독교교육의 여정을 가장 잘 드러내 주고 있는 것은 그때그때 절박한 마음으로 쓴 나의 책들이며, 그 책을 가장 핵심적으로 이해할 수 있는 글이 그 책의 서문이다. 책의 표지와

서문, 그리고 간단한 목차 정도를 정리해서 이를 묶으면 나에게도 큰 유익이 될 뿐 아니라 기독교교육의 여정을 걷는 다른 동역자나 후배 나그네들에게도 도움이 되리라 생각하여 이 책을 구상하게 되었다.

먼저 나의 기독교교육 여정을 간단하게 글로 소개하고, 이 여정을 네 영역으로 분류하여, 기독교학교교육의 여정, 기독교교육과정의 여정, 기독교 부모/교사교육의 여정, 그리고 신학/통일교육의 여정으로 구분하여 기술하였다. 각 여정의 앞부분에는 나의 단독 저서, 그리고 내가 쓴 서문이 있는 공저 순으로 표지와 서문, 간단한 목차를 담았고, 그 외의 공저는 표지와 목차를 개략적으로 소개하는 방식으로 구성하였다.

이 책의 제목 '하나님의 교육이 가득한 세상'은 교육의 영역에서 하나님 나라 이루기를 소망하는 나의 염원이 담긴 구호이며, 기독교학교교육연구소가 지금까지 추구하고 있는 방향이 담긴 슬로건이기도 하다. 기독교학교교육, 기독교교육과정, 기독교 부모/교사교육, 그리고 신학/통일교육의 여정을 통해 하나님의 교육이 가득한 세상이 이루어지기를 기도한다. 지금까지 내가 쓴 책들을 모아보니 100여 권이 되었는데, 이것을 정리하여 한 권의 새로운 책이 탄생하기까지는 많은 분들의 수고가 있었다. 장신대에서의 마지막 조교인 조성주 전도사, 기독교학교교육연구소의 강지혜 연구원을 비롯한 김지혜, 윤태홍 연구원의 헌신적인 수고에 감사드린다. 그리고 난이도가 높은 이 책 출판을 기꺼이 맡아 준 한국장로교출판사에 마음으로부터의 감사를 전한다.

이 책이 하나님의 교육이 가득한 세상을 꿈꾸는 모든 기독교교육 학도들과 기독교교육 현장의 동역자들, 모든 교회, 가정, 학교에서 기독교교육의 여정을 함께하는 분들에게 조그마한 도움이라도 되기를 소망한다.

아차산 기슭에서

박상진

차례

서문_3

I. 나의 기독교교육의 여정_8

| 1. 들어가는 말
| 2. 성장 시기
| 3. 교육학 시기
| 4. 신학 시기
| 5. 기독교교육학 시기
| 6. 나가는 말

II. 기독교학교교육의 여정_24

| 1. 기독교학교교육론
| 2. 한국 기독교학교교육 운동
| 3. 기독교교육과 사회 : 기독교교육사회학 입문
| 4. 학교교육에 대한 기독교적 이해
| 5. 종교교육론 : 학교에서의 기독교적 종교교육
| 6. 종교적 갈등이 없는 학교
| 7. 평양대부흥운동과 기독교학교
| 8. 기독교학교, 역사에 길을 묻다
| 9. 기독교학교운동사
| 10. 입시에 대한 기독교적 이해
| 11. 입시에 대한 기독교적 대응
| 12. 쉼이 있는 교육
| 13. 기독교학교와 교회
| 14. 기독교학교의 공공성
| 15. 기독교학교의 미래 전망
| 16. 기독교대안학교의 재정
| 17. 기독교대안학교 교육성과를 말한다
| 18. 희망을 심는 교육 기독교대안학교 가이드
| 19. 한국 교육의 희망 기독교대안학교 가이드
| 20. 당신이 기독교대안학교에 대해 알고 싶은 모든 것
| 21. 기독교대안학교의 미래를 고민하다
| 22. 왜 기독교학교인가?
| 23. 기독교교육사
| 24. 다음세대를 책임지는 기독교사
| 25. 문서 선교사 웨슬리 웬트워스
| 26. 21세기 한국 교회교육의 과제와 전망
| 27. 복음으로, 교회를 새롭게 세상을 이롭게
| 28. 미래 세대에 생명력을 불어넣는 기독교교육
| 29. 이슈 & 미래

III. 기독교교육과정의 여정_102

| 30. 기독교교육과정 탐구
| 32. 교회교육현장론
| 34. 기독교 교육복지 이론과 실천
| 36. 기독교 교육과정론
| 38. 대한예수교장로회 총회 교회교육백서
| 40. 주5일 근무시대, 우리는 교회로 간다
| 42. 포스트모던 시대의 기독교교육
| 44. 새신자목회
| 46. 21세기 기독교교육의 과제와 전망
| 48. 기독교교육에 생기를 불어넣는 일곱 주제
| 50. 다음세대에 생명을 불어넣는 기독교교육
| 52. 하나님의 나라와 문화
| 54. 하나님의 나라와 회개하는 신앙공동체
| 56. 사랑으로 섬기는 교회
| 58. 교회와 함께 가는 다음세대
| 60. 주님, 우리로 화해하게 하소서!
| 62. 거룩한 교회, 다시 세상 속으로
| 64. 청년사역자 핸드북
| 66. 한국교회 성경공부의 진단과 개선방안
| 68. *Building Communities of Reconciliation* I
| 70. 주의 말씀은 내 발의 등이요

| 31. 기독교 교육과정의 새로운 패러다임
| 33. 다음세대를 위한 기독교교육 생태계
| 35. GPL 커리큘럼: BUILD UP
| 37. 기독교교육개론
| 39. 해피투게더 : 기본지침서
| 41. 목회매뉴얼(교육목회)
| 43. 기독교교육의 새 모델들
| 45. 현대교회와 교육
| 47. 교회 전(全) 사역의 교육적 접근에 관한 통전적 연구
| 49. 다음세대 신학과 목회
| 51. 다음세대에 생명을
| 53. 하나님의 나라와 경건
| 55. 하나님의 나라와 다음세대 부흥
| 57. 하나님을 기쁘시게 하는 삶
| 59. 그리스도인, 복음으로 사는 사람
| 61. 다시 거룩한 교회로
| 63. 영적 부흥으로 민족의 동반자 되게 하소서
| 65. 기독교 커뮤니케이션
| 67. 한경직 목사의 사상과 사역
| 69. 청년 양육
| 71. 기독교 문화, 소통과 변혁을 향하여

IV. 기독교 부모 / 교사 교육의 여정_162

| 72. 은혜 가문 세우기
| 74. 교회학교 부흥을 위한 교사교육의 새로운 패러다임
| 76. 믿음의 자녀 키우기
| 78. 기독학부모교실
| 80. 기독학부모교실 3차 개정판
| 82. 학부모의 당연한 권리, 학교선택
| 84. 베델성서연구 자녀 교육편
| 86. 청년 사역자를 위한 베스트 설교
| 88. 예닮교사의 법칙 : 다음세대를 작은 예수로 세우는
| 73. 성경 속에 나타난 하나님의 학습법
| 75. 유바디 교육목회
| 77. 하나님 앞에서 공부하는 아이
| 79. 기독학부모교실 2차 개정판
| 81. 한국 기독학부모의 정체성과 역할
| 83. 하나님이 기뻐하시는 가정
| 85. 생명의 성령님이 역사하시는 하나님의 나라와 가정
| 87. 하나님 닮은 부모학교 - 지도자용 / 부모용
| 89. 한국교회의 영적 부흥과 리더십

V. 신학 / 통일교육의 여정_198

| 90. 신학교육의 혁신
| 92. 한국교회와 장신신학의 정체성
| 94. 성경적 통일교육 이음(교사용)
| 96. 통일한국의 교육비전
| 98. 21세기 기독교교육의 신학, 이론, 실천
| 100. 목회, 목회자, 목회연구
| 102. 포스트코로나 시대의 목회
| 103. 레위기, 민수기-인도자용 / 학습자용
| 105. 고린도전서-인도자용 / 학습자용
| 91. 장로회신학대학교 110년 교육과정 백서
| 93. 종교개혁500주년과 한국교회의 개혁과제
| 95. 성경적 통일교육 이음(학생용)
| 97. 평화와 기독교교육
| 99. 21세기 신학의 학문성
| 101. 한국에 비쳐진 복음의 빛 :
        종교개혁 500주년 기념 한국교회 이야기
| 104. 요한복음-인도자용 / 학습자용
| 106. 빌립보서, 디도서-인도자용 / 학습자용

학술논문 및 소논문_220

약력_230

I. 나의 기독교교육의 여정

1. 들어가는 말
2. 성장 시기
3. 교육학 시기
4. 신학 시기
5. 기독교교육학 시기
6. 나가는 말

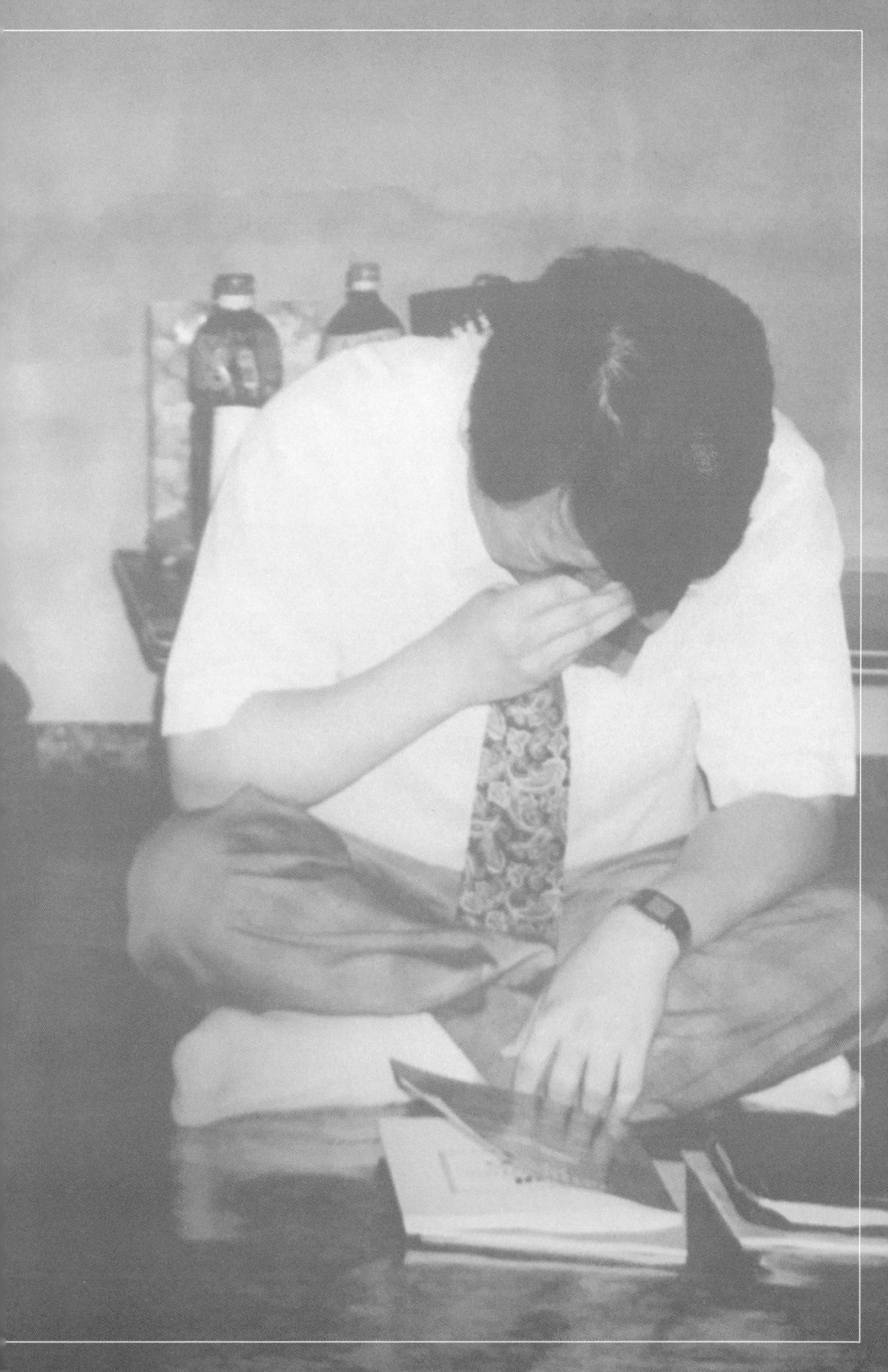

나는 나의 삶을 '기독교교육의 여정'이라고 표현하고 싶다.
정말 여행을 하는 듯, 호기심으로 길을 떠나, 낯선 곳에 도착해 짐을 풀었다가,
다시 다음 행선지로 여행을 떠나는 과정과 같다.

1. 들어가는 말 : 나의 기독교교육 여정

김형석 교수의 저서 가운데 『백년을 살아보니』라는 책이 있다. 그 제목 자체만으로도 압도하는 힘이 있다. 그 책은 백년을 살아본 사람만이 쓸 수 있기 때문이다. 나도 이제 『교수 정년을 맞이하니』라는 책을 쓸 수 있는 나이가 되었다. 이런 날이 언젠가 오리라고는 생각하였지만 막상 내가 은퇴를 앞두게 되니 만감이 교차한다. 지금쯤은 그동안 나의 여정을 돌아보며 어떻게 하나님이 나의 삶과 사역을 인도하셨는지를 생각하며 깊은 감사를 드리고, 나의 나태함과 연약함으로 상처를 입은 사람들에게 용서를 구해야 할 때이다. 나는 나의 삶을 '기독교교육의 여정'이라고 표현하고 싶다. 정말 여행을 하는 듯, 호기심으로 길을 떠나, 낯선 곳에 도착해 짐을 풀었다가, 다시 다음 행선지로 여행을 떠나는 과정과 같다. 지나온 나의 기독교교육 여정은 크게 네 시기로 구분될 수 있다. 성장 시기, 교육학 시기, 신학 시기, 기독교교육학 시기. 이 글에서는 이러한 시기 구분에 따라 나의 기독교교육 여정을 회고하며 하나님의 은혜를 음미하고자 한다.

2. 성장 시기

나의 삶과 기독교교육의 여정을 이해하기 위해서는 나의 어린 시절을 살펴보는 것이 중요하다. 인간은 시간적 존재이고, 그 후의 삶은 그 전의 삶과 연결되어 있기 때문이다. 나는 목사의 자녀로 태어났다. '목사의 자녀', 일명 PK(pastor's kids)라고 불리우는 존재는 분명 축복이면서도 어린 시절 나에게 큰 부담을 준 짐과 같았다. 그러나 자상하시고 부드러운 부모님, 때로 다투기도 했지만 늘 서로를 지원하고 격려해 준 7남매와 형제들, 매일 드려진 가정예배로 인해 어린 시절 가정은 아름다운 추억으로 남아 있다.

특기할 사항은 내가 일란성 쌍둥이로 태어났다는 사실이다. 쌍둥이는 둘도 없는 형제이면서 영원한 라이벌이기도 하다. '같은 존재'임을 인정하면서도 각자의 삶의 의미를 찾기 위해 '다름'을 발견하고 '독특함'을 추구함으로 각자의 마이웨이를 가게 되었고, 이 과정이 후에 기독교교육의 통찰을 주게 된다.

대구에서 유치원을 다니는 중 서울의 개척교회로 부임하신 부모님을 따라 서울에서의 삶이 시작된다. 신길초등학교, 당산중학교를 거쳐 당시 평준화 직전인 1973년에 기독교학교인 신일고등학교에 입학하게 된다. 소위 평준화 이전의 미션스쿨을 경험하게 된 것이다.

아버님
박용묵 목사님의 기도

쌍둥이
백일 사진

당시에는 성경과목이 있었고 수업교재로는 '예수 그리스도의 생애'라는 제목의 교재를 사용하였으며, 영락교회에서 매년 3~4일의 사경회를 하기도 하였다. 평준화 이전과 이후의 기독교학교를 경험하게 된 것은 후에 기독교학교 건학이념 구현과 정상화, 자율성 확대에 관심을 갖게 된 원초적 경험이 되었다고 할 수 있다.

신일고
1학년 1반 사진

나의 어린 시절은 목회자 가정, 쌍둥이를 비롯한 형제들과의 공동체 생활, 주일만이 아니라 수요일, 토요일에도 나갔던 교회학교, 그리고 미션스쿨에서의 삶이 어우러져 나를 형성하고 있었다.

3. 교육학 시기

대학에 입학하면서 '교육학과'를 선택하게 된 것은 내 삶에 있어서 가장 큰 선택 중에 하나였고, 최고의 선택이었다고 지금도 자부하고 있다. 사람을 좋아했고 사람의 변화에 관심이 있었던 나로서는 더 이상 좋은 전공은 없었다. 교육학과 1학년에 입학한 그 해 여름방학에 몇몇 친구들과 함께 '낙도 아동 교육'을 연구하기 위해 인천에서 배를 타고 자월도라는 섬에 위치한 초등학교 분교에 가서 봉사하며 낙도의 교육현장을 둘러보고 보고서까지 작성한 것은 지금 생각하니 교육에 대한 열정이 그때부터 싹트기 시작한 것으로 여겨진다. 존

전국 대학 교육학과 2학년
논문 발표회

듀이의 권위자인 임한영 교수로부터 교육철학을 배웠고, 당시 서울대 교수였던 김영찬 교수로부터 교육인류학을 배운 것이 교육학을 계속 공부하고자 하는 마음을 불러일으켰다. 그래서 대학원에 진학하여 교육사회학을 전공하게 되고 김신일 교수의 지도로 '검정고시의 사회적 선발기능에 관한 연구'라는 논문으로 석사학위를 받았다. 교육사회학 안에서 나의 세부 전공은 '시험의 사회학'이었기 때문에 후에 입시에 대한 기독교교육적인 이해와 이를 해결하기 위한 '입시 사교육 바로세우기 기독교운동', '쉼이있는 교육 운동' 등으로 그 관심이 이어지게 된다.

나는 교육학과에 입학한 이후부터 신문에 '교육'이라는 단어가 나오면 스크랩을 하기 시작했다. '교육'은 내 단어라는 생각을 하였고, '교육'이라는 단어를 보면 눈물이 나기도 하였다. 얼마나 많은 사람이 교육으로 인해 고통을 받고 있는가? 교육고통, 그것에 대한 애통함이 조금씩 싹트게 되었다. 대학원에 들어가면서 나는 새로운 경험을 하게 되었다. 한국행동과학연구소에 인턴연구원으로 참여하면서 '국가학력평가연구'를 함께 하게 되었다. 당시 이성진 소장이 넥타이를 풀어 제치고 연구원들과 함께 한국교육에 대해 열띤 토론을 하던 모습은 연구의 가치, 연구소의 필요성에 대한 강한 인상을 주었다. 이후 한국교육개발원(KEDI) 연구원, 한국정신문화연구원 교육연구실 연구원 등의 경험은 후에 기독교교육 분야의 연구소 설립으로 이어지게 된다.

교육학을 공부하는 기독교인으로서 내가 봉사할 수 있는 것이 무엇일까를 고민하고 있던 시절, 당시 한국기독학생회(IVF) 총무였던 송인규 교수가 IVF 출신 기독교사 모임인 한국기독교사회(TCF)를 섬길 것을 권유하였다. 대학원 교육학과 재학 시절, 이대 앞 다락방에서 개최된 첫 번째 기독교사회 모임에 참여하여, TCF 간사로 자원하게 되고, 이로 인해 기독교사운동에 발을 들여놓게 된다. 기독교사회의 간사 일은 거의 허드렛일이었다. 소식지를 제작하고 이를 발송하는 일, 모임에 일찍 가서 의자를 정리하고 음향기구를 셋팅하는 일, 강의안을 번역하고 이를 복사해서 나눠주는 일 등이었다. 그래도 그 일들이 너무나 즐거웠고 기독교적인 관점으로 자신의 교과를 바라보고, 기독교적인 교육방법을 연구하고 토론하며, 서로 같은 고민을 하는 기독교사들끼리 모여 대화하고 기도하는 일은 내면의 희열을 느끼게 하였다. 그러면서도 개별 기독교사단체로는 교육을 변화시키기 어렵다는 한계를 인식하기 시작하였다. 1980년대 초는 전국교직원노동조합이 결성되는 시기였다. 나는 기독교사단체들도 연합하여 연대를 이루어 공동체적으로 대처하면 교육변혁을 가능케 할 것이라고 믿었고, 기회가 있는 대로 이를 호소하였는데, 그 열매로 후에 시작된 것이 현재 좋은교사운동이다.

4. 신학 시기

교육학을 전공하고 교육관련 연구기관에 재직하면서 몇몇 대학에서 교육학을 학생들에게 가르쳤는데, 이것이 진정 삶의 중심을 변화시키는 것인가에 대한 회의를 느끼게 되었다. 그리고 신학을 공부하여 목사가 되어 목회를 하는 것이 삶을 송두리째 변화시키는 길이라 생각하여 그야말로 '교육학을 버려두고' 장로회신학대학교 신학대학원(81기)에 입학하게 된다. 이곳에서 훌륭하신 교수님들로부터 가르침을 받았고, 특히 너무나 좋은 동기들을 만나 토론하고 기도하며 때로 직접 데모의 행렬에 참여하였다. 하나님 나라에 대한 비전으로 가득찼던 그 시절이 내 인생에 있어서 가장 행복했던 시절 중 하나로 기억된다. 신대원을 다니면서 교육전도사로 섬겼던 교회는 상도중앙교회였다. 그곳에서 대학부와 중등부

장신대 신대원 1학년
(홍인종, 안교성, 박상진)

대학원 시절
MT

장신대 대학원
졸업식

새신자
목회 세미나

두 부서를 맡아서 사역을 하였는데, 신학교에서 배우는 신학과 교회현장에서의 사역은 때로 충돌하면서도 서로를 해석할 수 있는 좋은 파트너가 되었다. 현장에서 생겨난 신학적 질문을 강의실에서 해결하고, 새롭게 깨달은 신학적 성찰을 현장에 적용함으로 긴장 속에서 신학함이 조금씩 성숙해 갔다. 그 교회에서 결혼까지 하였으니 내 인생에 있어서 잊지 못할 추억의 사역지가 되었다.

신대원을 졸업할 때 마지막 반장과 초대 동기회장을 맡아 모든 동기들을 임지에 파송하고 막상 내가 갈 수 있는 교회가 없었는데, 동기의 소개로 그해 연말 장석교회에 전임전도사로 부임하게 되었다. 장석교회에서 전임전도사 2년, 부목사 3년의 세월은 나의 기독교교육의 또 다른 원천과 같았다. 내가 주로 맡은 부서는 새신자부와 청년부였다. 새신자를 어떻게 교회에 잘 정착시킬 수 있을까를 고민하면서 다른 교회의 동기들을 초대해 '제1회 새신자목회 세미나'를 개최하였는데, 이때부터 장석교회의 새신자목회세미나가 시작되었다. 청년부는 몇 명 모이지 않았는데, 소그룹 성경공부와 제자훈련을 통해 점점 활성화되어 갔고, 그중 많은 친구들이 목회자, 선교사, 청소년사역자 등으로 헌신하여 지금까지도 교류를 지속하고 있다. 이러한 사역을 통해서 다시금 교육의 중요성을 깨닫게 되었는데, 그것은 그 전까지의 교육이 아닌 '기독교교육'이었다. 그래서 기독교교육학을 공부하기 위해 장신대 대학원 기독교교육학과에 입학하였고, 대학원을 마칠 즈음에 당시 어려움에 처해 있던 장신대 기독교교육연구원에 부임하기를 강하게 원하시는 한 교수님의 요청에 순종하여 그 정든 장석교회를 사임하고 새로운 삶을 시작하게 된다.

5. 기독교교육학 시기

1) 장신대 기독교교육연구원 시기

장신대 기독교교육연구원 시절은 나에게 기독교교육의 날개를 달아준 시기이다. 장신대 앞의 조그마한 전셋집으로 이사를 하고, 『교육교회』 출판비가 수천만 원의 채무로 남아 있어 계속 빚 독촉을 받았지만 전국의 기독교교육 현장에 달려가 교회교육 현장의 목소리를 듣고 그들을 돕기 위한 프로젝트를 마음껏 할 수 있었기에 지금 생각하니 현장과 분리되지 않는 기독교교육함을 훈련받은 기간이라 여겨진다. 『교육교회』 편집인으로 매달 원고를 청탁하고 편집하고 이를 출판하여 구독자에게 발송하고 서점까지 배부하여 진열까지 하는 일은 고됐지만 그만큼 보람 있는 일이었다. "연구의 실체는 '노가다'이다."라는 원리를 알고는 있었지만 이곳에서 더 처절하게 깨달았다. 『교육교회』는 점점 구독자가 늘어나게 되었고, 새롭게 시도한 교육정책세미나, 교육전도사교육과정, 교육목사세미나 등이 활성화되면서 빚을 다 청산하고 연구원 본연의 모습을 되찾을 수 있었다. 연구원이 한국교회에 더 큰 공헌을 하면서도 재원을 확보할 수 있었던 것은 기독교교육 컨설팅을 시작하면서이다. 영락교회를 비롯해 연동교회, 덕수교회 등의 교회교육을 진단하고 대안을 제시하는 컨설팅은 한국교회를 깊이 있게 이해하는 기회도 되었고, 그 교회를 실제적으로 도울 뿐 아니라 연구원이 큰 재정적 도움을 받는 기회가 되었다. 연구원에 있으면서 기독교교육과 강의를 하게 되었는데, 특히 93학번 학우들과의 만남은 오늘까지 이어지고 있으며, 그 기간 동안 섬겼던 경천교회 디모데 청년부 사역도 아름다운 추억으로 남아 있다. 당시 미국의 기독교교육 현장을 탐방하도록 권면해 주신 원장님의 권면으로 미국 장로교단 소속 신학교들을 방문하게 되면서 39세의 늦은 나이지만 유학을 결심하게 되고 4년 반의 기독교교육연구원 시기를 마감하게 된다.

기독교교육연구원 책임연구원 시절
대학원 기독교교육학과 동문회 개최

기독교교육연구원
후원회 발족

2) 유학 시기

미국 버지니아주 리치몬드에 소재한 PSCE는 미국장로교 기독교교육대학원으로서 당시 세계에서 유일한 단설 기독교교육대학원이었다. 특히, 석사과정은 이론과 실천의 연결을 강조하였는데, 매 수업마다 통찰로 가득찬 시간이었으며, 한국교회 교육현장을 생각하면 당장이라도 달려가 배운 것을 적용하고 싶은 생각으로 가득하였다. 지도교수가 박사과정을 추천하였고 감사하게도 옆의 유니온신학교와 통합한 Union-PSCE의 기독교교육학 박사과정에 입학할 수 있었다. 그곳에서 만난 사라 리틀 교수는 우리나라의 주선애 교수님처럼 인자하신 분으로서 자신의 집에 우리 가족을 초대하여 많은 대화를 나누기도 하였다. 나의 논문 지도교수인 파멜라 미첼 교수는 탁월한 기독교교육과정 학자로서 내가 페이퍼를 제출하면 그날 밤에 읽고 빨간 펜으로 자신의 의견을 빽빽이 적어 돌려주셨다. 그분이 가장 즐겨하시는 표현은 와우(Wow!)였다. 그 격려의 말 한마디가 얼마나 나에게 용기를 주었던가? 나는 '새로운 인식론에 근거한 성육신적 교육과정'에 관한 논문으로 박사학위를 받고 귀국 길에 오를 수 있었다.

유학시절 사라 리틀 교수 집에
초대받아 담소 나눔

지도 교수 파멜라 미첼 교수 부부를
집으로 초대

박사학위를 받고
유니온신학교 총장과 함께

3) 장신대 교수 시기

한국에 돌아온 나는 한 학기 장신대와 호남신학대학교에서 시간강사로 강의를 한 후 그 이듬해인 2002년부터 장신대 교수로 부임할 수 있게 되었다. 이것은 전적인 하나님의 은혜였고, 당시 총장님과 기독교교육과 교수님들의 사랑 때문이었다. 꿈에도 그리던 모교 장신대에서 학생들을 가르칠 수 있다는 것은 행복 그 자체였다. 처음 만난 01학번을 비롯한 제자들, 현재 23학번에 이르는 제자들은 그야말로 눈에 넣어도 아프지 않을 만큼 사랑스럽다. 장신대에서 내가 주로 강의한 과목은 기독교교육과정과 기독교학교교육 분야였다. 물론 학부와 신대원에서 기독교교육개론과 교육실습 과목들도 담당하였다. 당시 한국의 기독교교육은 거의 교회교육 중심이었다. 학교교육이 중요함에도 불구하고 기독교학교교육 분야는 생소한 분야였고, 수업이나 교재 자체가 거의 존재하지 않았다. 나는 『기독교학교교육론』 책을 발간하고 2005년도에는 기독교학교교육연구소를 설립하여 이 분야의 연구를 본격적으로 진행하기 시작했다. 교육학을 공부했고, 기독교사단체를 도우면서 기독교학교교육운동에 관심이 있던 나로서는 제2의 인생을 시작하는 느낌이 들었다.

　블루오션, 그야말로 어디든 깃발을 꽂기만 하면 기독교교육 영역이 확장되는 놀라운 경험을 하였다. 기독교대안학교 실태조사, 기독교학교 컨설팅, 기독교사 컨퍼런스, 기독교학교 현장연구, 기독교학교 설립세미나 등 다양한 활동을 전개하였다. 미션스쿨 문제를 해결하기 위해 시작한 '기독교학교정상화추진위원회'가 오늘날에는 '사학법인미션네트워크'라는 초등부터 대학에 이르는 기독교학교 법인 연합체의 출범으로 이어지고 있는데, 나는 상임이사를 맡아 사명을 감당하고 있다. 2006년부터 시작한 기독학부모교실은 또 하나의 전기를 이루었다. 기독교학교가 건학이념이 좋고 헌신된 기독교사가 있다고 하더라도 학부모가 비전의 파트너가 되지 않으면 기독교학교가 쉽게 변질되는 모습을 보면서 기독학부모교육을 시작하였고, 오늘날은 교회의 학부모교육으로 연결되어 수많은 사람들이 기독학부모로 세워지고 있다. 그러면서 교회와 가정의 연계만이 아니라 학교(학업)까지 연계되는 삼위일체 교육목회의 중요성을 깨닫고 이를 발전시켜 유바디교육목회를 제안하게 된다.

　기독교교육과정은 기독교교육의 꽃으로서 모든 이론들을 실천으로 연결시키는 교량 역할을 한다. 박사학위 논문을 수정 보완하여 『기독교교육과정 탐구』라는 책으로 발간하여 기독교교육과정 수업 교재로 사용하였고, 일반 교육과는 다른 신앙을 위한 교육과정을 발전시키게 되었다. 감사하게도 교단 제4차 교육과정 연구개발 책임을 맡게 되어 '하나님의 사람, 세상의 빛'(GPL) 교재를 발간하게 되고, 최근에는 제5차 교육과정 연구개발 책임을 맡게 되어 코로나 이후의 교단 교육과정 개발에 착수하였다. 기독교교육을 전공하게 되면 신학교에서 보직을 많이 맡게 된다. 왜냐하면 신학교육도 교육 분야이기 때문이다. 신학대학원장을 비롯해 대학원장, 장신리더십아카데미 원장, 기독교교육학과장, 교육대학원장, 교수학습개발원장, 기독교교육연구원장 등의 중책을 맡으면서 신학교육에 대한 관심이 깊어

갔다. 특히 장신대 교육과정 개발 작업에 꾸준히 참여하였고, 현장교육단장을 맡아 신학교와 교회현장의 연계를 강화하기 위한 '맞춤형 신학생활 개발', '담임제', '목회실습 개선' 등을 시도하였다. 『장신대 110년 교육과정 백서』, 『신학교육의 혁신』 등의 저서는 이러한 고민의 흔적을 담고 있다. 학생지원처장을 하면서는 당시 심각했던 주차문제를 해소하기 위해 유료주차장으로 전환하는 프로젝트를 단행하였는데, 교내 순환도로 설치, 농구장 이전 등으로 인해 엄청난 저항에 직면했지만 결국 좋은 결과로 귀결된 것도 아름다운 추억으로 남아있다.

나의 은사
교수님

동료 교수님들과
즐거운 한때

장신대 기독교교육과는 우리나라에서 가장 오래되고 전통 있는 과로서 주선애 교수님을 비롯해 고용수, 사미자, 임창복 교수님 등 훌륭하신 은사 교수님들이 터를 닦아주셨다. 그 기반 위에서 사랑하는 동역자 교수님들과 함께 공동체적으로 기독교교육과를 섬길 수 있었던 것은 가장 큰 축복 중의 하나이다. 학교 밖에서의 기독교교육학자 공동체도 자랑할 만하다. 진보와 보수로 나뉘지 않고 우리나라 전체 기독교교육학자들이 함께 참여하고 있는 한국기독교교육학회가 있는데, 여기에서 30대 회장으로 섬길 수 있었던 것도 보람 중의 하나로 기억된다.

기독교교육과
교수 일동

2023-1
기독교교육과 사경회

6. 나가는 말 : 소명의 재구성

정년 퇴임, 그리고 은퇴. 나에게는 생소한 단어였지만 이제는 친밀한 단어가 되었다. 더 이상 장신대의 교수직은 지속할 수 없지만, 그러나 나를 향한 하나님의 소명이 끝난 것은 아니다. 지금은 소명을 재구성하는 시기이다. 기어를 한두 단계 낮추어 서행으로 가야 하겠지만 목적지가 사라진 것은 아니다. 교육의 영역에서 하나님 나라의 회복, 하나님의 교육이 가득한 세상을 이루기 위한 나의 소명에 대한 응답은 계속될 것이다. 지나온 인생 가운데 허물이 많았고 아픔과 슬픔도 있었지만, 지금 생각하니 하나도 버릴 것이 없다. 정말 돌아보면 '내가 나 된 것은 오직 하나님의 은혜'(고전 15:10)였음을 고백한다. 모든 영광을 하나님께 돌린다. 아멘.

하나님의 교육이 가득한 세상을 이루기 위한
나의 소명에 대한 응답은 계속될 것이다.

II. 기독교학교교육의 여정

1. 기독교학교교육론   2. 한국 기독교학교교육 운동   3. 기독교교육과 사회 : 기독교교육사회학 입문   4. 학교교육에 대한 기독교적 이해   5. 종교교육론 : 학교에서의 기독교적 종교교육   6. 종교적 갈등이 없는 학교   7. 평양대부흥운동과 기독교학교   8. 기독교학교, 역사에 길을 묻다   9. 기독교학교운동사   10. 입시에 대한 기독교적 이해   11. 입시에 대한 기독교적 대응   12. 쉼이 있는 교육   13. 기독교학교와 교회   14. 기독교학교의 공공성   15. 기독교학교의 미래 전망   16. 기독교대안학교의 재정   17. 기독교대안학교 교육성과를 말한다   18. 희망을 심는 교육 기독교대안학교 가이드   19. 한국 교육의 희망 기독교대안학교 가이드   20. 당신이 기독교대안학교에 대해 알고 싶은 모든 것   21. 기독교대안학교의 미래를 고민하다   22. 왜 기독교학교인가?   23. 기독교교육사   24. 다음세대를 책임지는 기독교사   25. 문서 선교사 웨슬리 웬트워스   26. 21세기 한국 교회교육의 과제와 전망   27. 복음으로, 교회를 새롭게 세상을 이롭게   28. 미래 세대에 생명력을 불어넣는 기독교교육   29. 이슈 & 미래

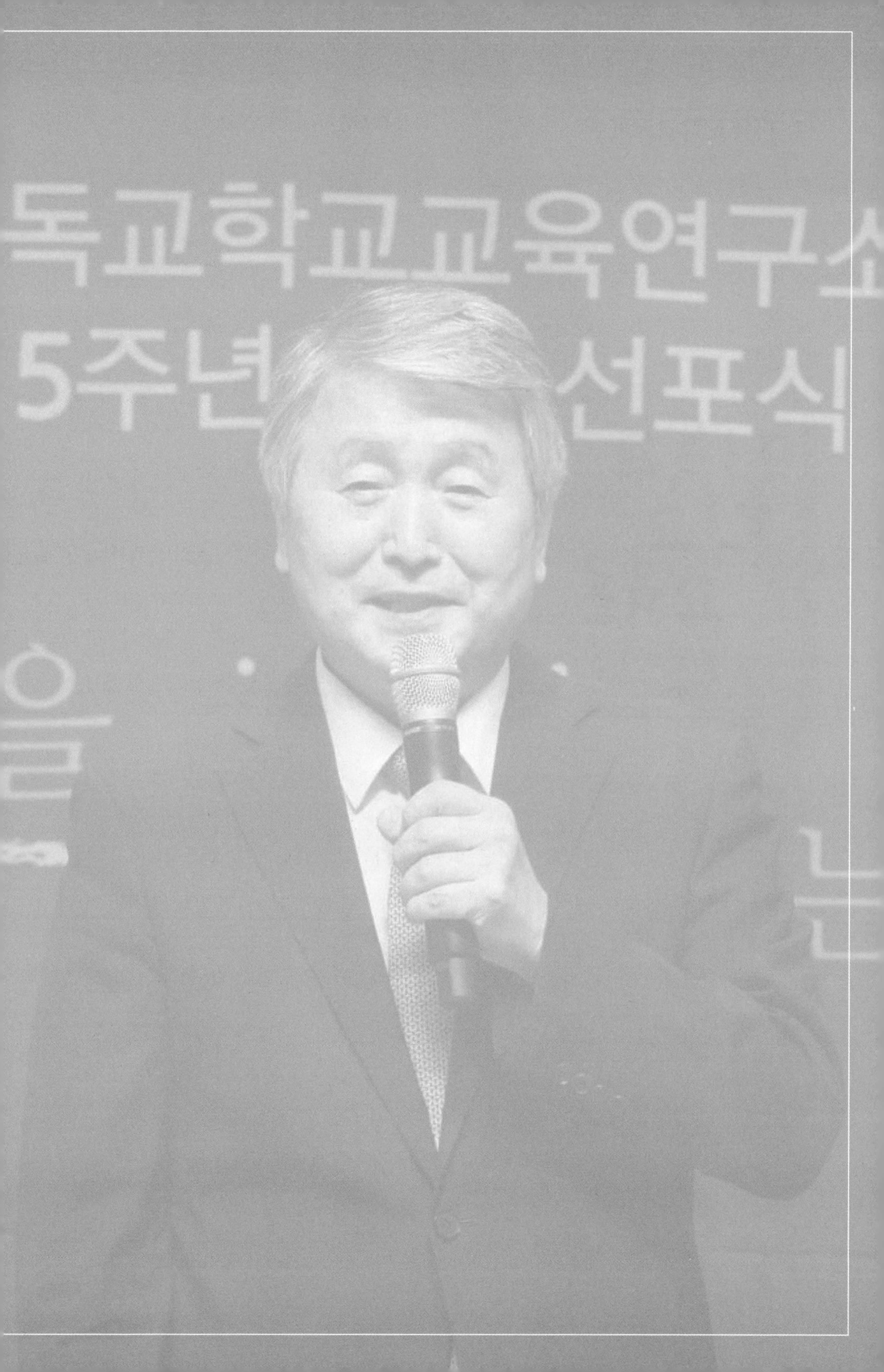
5주년
선포식

1. 기독교학교교육론

박상진 저

예영커뮤니케이션

2006

이 책은 고통 가운데 있는 교육 현실에 대한 아픔으로부터 시작되었다. 마치 이스라엘 백성들이 애굽의 압제 밑에서 고통당하며 신음하듯이, 수많은 학생들과 학부모들이 왜곡된 교육의 어두운 현실 속에서 아파하고 있다. 학교폭력, 조기유학, 입시지옥, 교실붕괴, 그리고 지금도 계속되는 학생들의 자살 등은 고통당하는 교육의 증상들이다.

왜 교육이 고통이어야 하는가? 왜 교육이 감당하기 어려운 짐이 되어야 하는가?

원래 '하나님의 교육'은 고통이 아닌 축복이요 감격임을 깨닫고, 교육의 영역에서 하나님 나라를 확장하는 것, 그것이 바로 기독교학교교육의 목적이요 비전이다. 이 책은 이러한 비전을 이야기한다. 하나님이 이스라엘 백성들의 신음소리를 들으시고 출애굽을 준비하시듯, 하나님은 오늘의 고통스러운 교육에 대해 대안을 준비하시며 이를 실현할 모세 같은 일꾼을 찾으신다. 우리가 조금만 교육현장에 귀 기울이면 고통의 소리를 들을 수 있고, 우리가 조금만 하나님의 비전을 향해 눈을 열어도 가슴 벅찬 새로운 교육을 바라볼 수 있다. 『기독교학교교육론』은 교육을 창조하신 하나님께서 일그러지고 뒤틀린 교육을 구속하시는 그 사역에 우리가 어떻게 동참할 수 있을지를 소개하고 있다. 이 책을 통해, 교육의 영역에서 하나님 나라를 이루기 위해 기독교사로서, 학부모로서, 학교설립자로서, 목회자로서 우리가 무엇을 해야 할지를 안내받을 수 있을 것이다.

이 책은 또한 기독교학교교육에 대한 개론서이다. '기독교학교교육론'이라는 제목이 의미하듯이 이 책의 중요한 관심은 '기독교학교'이다. 우리나라에서 기독교학교의 역사는 한국교회의 역사와 동일하고, 동시에 한국교육의 역사와도 일치한다. 지금도 수많은 기독교학교들이 교육적 사명을 지니고 기독교교육을 실천하고 있다. 그러나 기독교학교를 대상으로 연구하며 설명하고 이를 지원하는 노력은 매우 미약하다. '기독교학교' 분야를 전공하는 학자도 거의 없을 뿐 아니라, '기독교학교'를 탐구할 수 있는 교과서나 교재도 취약하며, 이 분야의 연구소나 지원체제도 제대로 마련되어 있지 않다. 신학대학교에 기독교교육(학)과가 존재하지만 그 주된 관심이 교회교육에 있기 때문에, 기독교학교교육이 기독교교육의 중요한 영역임에도 불구하고 이에 대한 교육과 연구가 충분히 이루어지고 있지 못한 실정이다. 최근 급속하게 확산되고 있는 기독교대안학교에 대해서도 이론적인 연구나 지원이 실천을 따라가지 못하고 있다. 이 책의 또 하나의 중요한 관심은 '기독교적 학교교육'으로서 공교육에 대한 기독교적 접근을 포함한다. 비단 기독교학교가 아닌 공교육에서도 하나님의 주권이 인정되어야 하며, 기독교사들을 통해 하나님의 나라가 확장되어야 한다. 좋은교사운동을 비롯한 이 땅의 기독교사운동으로 말미암아 교실과 학교의 모든 영역 속에서 '기독'의 의미가 실현되어야 하며, 교육정책에 이르기까지 기독교적 변혁이 추구되어야 한다. '기독교학교교육론'은 이론적으로 이런 실천을 지원하는 것을 목적으로 한다.

이 책은 내 삶의 여정을 인도하신 하나님의 선물이다. 돌이켜 보면 대학에서 교육학을 공부하기 시작한 이후 오늘에 이르기까지의 그 과정 굽이굽이 하나님의 섭리로 채워져 있음을 깨닫는다. 교육학-신학-기독교교육학으로 이어지는 이론적 여정과 기독교사운동-교회사역-기독교학교교육연구소로 이어지는 실천적 여정도 하나님의 뜻을 조금이나마 더 알게 하시기 위한 그분의 손길이다. 내가 교육학과에 입학한 이후 '교육'이라는 단어는 내 심장을 두근거리게 하는 주제어가 되었고, 교육으로 인해 고통당하는 수많은 학생들의 신음소리는 이 길을 재촉하시는 주님의 또 다른 음성이었다. 대학원에서 공부한 교육사회학은 교육을 보다 비판적으로 성찰할 수 있는 눈을 뜨게 하였고, 한국행동과학연구소와 한국정신문화연구원 교육연구실, 그리고 한국교육개발원에서의 연구원 경험은 훗날 기독교학교교육연구소를 시작하게 하는 동인이 되었다.

그 후, 한국기독교사회(TCF) 대표간사로의 사역은 기독교사를 섬기며 교육현장을 배우는 더 없이 좋은 기회였고, 기독교적으로 교육을 바라보는 것이 무엇을 의미하는지를 깨닫는 계기였다. 그리고 기독교사 운동이 얼마나 소중한지를 체험하게 되었는데, 이 때 꾸었던 꿈이 기독교사연합으로 열매 맺게 되었고, 오늘의 좋은교사운동으로 발전하게 되었다. 지금도 부족하지만 좋은교사운동의 이사로 기독교사운동에 참여하고 있다. 특히, 신학공부와 목사 안수, 그리고 교회에서의 사역은 한국교회의 교육적 사명에 대해 깊이 생각할 수 있는 기회가 되었고, 교회와 학교, 학교와 가정, 그리고 교회와 가정의 연결이 얼마나 소중한지를 깨닫게 해 주었다. 장로회신학대학교 기독교교육연구원에 책임연구원으로 일하면서 기독교교육함의 의미와 소중한 가치를 체험하였고, 5년간의 미국 유학생활은 기독교교육학을 공부하는 즐거움을 만끽하는 기간이었다. 지난 5년간 광나루에서 기독교교육학도들을 가르치는 기쁨을 누리면서 한국교회만이 아니라 한국교육에 대해 기독교교육학이 갖는 책무성을 깊이 인식하게 되었다. '기독교학교교육'이란 과목을 가르치면서 기독교교육의 너무나 중요한 하위영역이면서도 기독교교육학의 관심을 제대로 받지 못한 영역임이 안타까웠고, 그 안타까움은 소명이 되었고 하나님의 은혜와 많은 분들의 도움으로 최근에는 기독교학교교육연구소를 시작하게 되었다.

이 책은 이러한 삶의 여정 가운데 고민하고 아파했던 내용들을 담고 있다. 기독교학교교육의 문제에 대해 해답을 얻었다기보다는 질문하는 법을 배웠다고 할 수 있다. 설익은 과일을 내놓는 것 같아 쑥스럽고 부끄럽기도 하지만 번역서 외에는 '기독교학교교육' 분야의 교과서가 전혀 없는 현실 속에서 조그마한 참고라도 되기를 바라는 마음으로 이 책을 출간하게 되었다. 사실 모든 실천의 분야는 이를 담당하는 학문의 분야가 있는데, 그 동안 우리나라의 기독교학교교육 분야는 이에 해당되는 학문의 분야가 없었다고 해도 과언이 아니다. 향후 이 분야가 '기독교학교교육학'이라는 분명한 전공영역이 되기를 바라는 마음으로 우선 이 책의 제목을 '기독교학교교육론'이라고 정하였다. 이 책이 기독교학교교육 현장에 계시는 분들과 공부하는 기독교교육학도들에게 하나님이 기뻐하시는 기독교학교교육으로 나아가는 작은 디딤돌이 되기를 바란다.

이 책은 크게 다섯 개의 영역으로 구성되어 있는데, 첫째, '기독교학교의 정체성'에서는 기독교학교가 무엇인지, 어떻게 분류되고 정의될 수 있는지를 살펴보았고, 둘째, '기독교학교교육의 기초'에서는 교육에 대한 기독교세계관적인 접근과 기독교사의 소명과 역할, 그리고 초기 한국교회사 안에서의 기독교학교의 역사적 기원에 대해 탐구하였다. 셋째, '기독교학교교육의 과제'에서는 지성과 영성의 통합의 문제, 경건 교육의 과제, 그리고 종교교육의 자유의 문제를 다루었다. 넷째, '한국 기독교학교교육의 이슈'에서는 한국에서 기독교학교가 직면하고 있는 다양한 이슈, 즉 입시경쟁, 조기유학, 평준화제도 등을 포함하는데, 이 문제들을 해결하는 한 운동으로 기독교사운동의 방향을 제시하였다. 마지막으로 '포스트모던 시대의 기독교학교교육'에서는 포스트모던 시대와 멀티미디어 커뮤니케이션 시대의 새로운 도전에 대해 기독교학교교육이 어떻게 응전해야 하고, 학원선교가 어떤 전략으로 대응해야 할지를 다루었다. 각 장마다 마지막에 내용을 정리하며 심화시킬 수 있는 토의주제들을 제시하였다.

이 책은 많은 사람들의 도움이 없이는 출간될 수 없었을 것이다. 함께 기독교사운동에 참여했던 기독교사들과 '기독교학교교육' 수업에서 진지하게 토의에 참여했던 기독교교육학도들, 그리고 기독교학교에서 묵묵히 일하는 기독교교육자들과 기독교대안학교 운동에 용기있게 뛰어든 동역자들은 나에게 기독교학교교육에 대한 놀라운 통찰을 주었고, 이 책은 그분들에게 큰 빚을 지고 있다. 무엇보다 이 책이 기독교학교교육연구소의 연구시리즈 첫 번째 도서로 출간될 수 있도록 후원해 주시는 김진홍 이사장님을 비롯한 이사님들과 연구원, 그리고 연구학기를 주어 이 책의 내용을 정리할 수 있는 시간을 갖게 해 주신 장로회신학대학교 김중은 총장님께 감사를 드리며, 기독교교육의 여정을 즐겁게 동행해 준 아내 인혜와 딸 예정에게도 고마움을 전한다.

목차

1부 기독교학교의 정체성
제1장 왜, 기독교학교인가
제2장 기독교대안학교의 정체성
제3장 하나님 나라와 기독교학교교육

2부 기독교학교교육의 기초
제4장 기독교세계관과 기독교학교교육
제5장 기독교사의 소명과 역할
제6장 한국교회 역사 속에서의 기독교학교교육

3부 기독교학교교육의 과제
제7장 지성과 영성을 통합하는 기독교학교교육
제8장 기독교교육과 경건
제9장 기독교학교와 종교교육의 자유

4부 한국 기독교학교교육의 이슈
제10장 입시경쟁과 기독교교육
제11장 조기유학과 기독교교육적 대응
제12장 평준화를 바라보는 기독교교육적 시각
제13장 기독교사운동의 방향

5부 포스트모던 시대의 기독교학교교육
제14장 포스트모던 시대의 기독교교육
제15장 멀티미디어 커뮤니케이션 시대의 기독교교육
제16장 포스트모던 시대의 학원선교

이 책은 고통 가운데 있는 교육 현실에 대한 아픔으로부터 시작되었다. 마치 이스라엘 백성들이 애굽의 압제 밑에서 고통당하며 신음하듯이, 수많은 학생들과 학부모들이 왜곡된 교육의 어두운 현실 속에서 아파하고 있다. 학교폭력, 조기유학, 입시지옥, 교실붕괴, 그리고 지금도 계속되는 학생들의 자살 등은 고통당하는 교육의 증상들이다. 왜 교육이 고통이어야 하는가? 왜 교육이 감당하기 어려운 짐이 되어야 하는가?

2. 한국 기독교학교교육 운동

박상진 저

예영커뮤니케이션

2010

한국의 교육, 그래도 희망은 있다. 칠흑같이 어두운 한국 교육의 현실 속에서 샛별처럼 빛나는 움직임이 있기 때문이다. 어떤 다른 나라에서도 발견할 수 없는 기독교교육 운동이 일어나고 있는 것이다. 아직은 교육 전반을 변혁시키기에는 너무나 미약하지만 점점 그 영향력이 확장되어 가고 있다. 기독교교육은 삶을 변화시키는 힘이다. 기독교교육 운동이 닿는 곳마다 삶의 변화가 일어나고 있다.

'아, 교육이 이럴 수가 있구나', '교육이 고통이 아니라 행복일 수 있구나' 앎과 삶이 통합되고, 죽은 지식에 생기가 불어 넣어지며, 비전도 소망도 없던 아이들이 웃음을 되찾게 된다. '창살 없는 감옥', '굴뚝 없는 공장'으로 생각되었던 학교가 '가고 싶은 학교', '사랑과 나눔의 공동체'가 되어 가고 있다.

여기에 적은 글들은 이러한 기독교교육 운동을 함께 경험하고 느끼면서 이를 증언하는 내용들이다. 필자가 대학의 교육학과에 입학한 첫 해 여름방학에 몇 명의 친구들과 함께 서해 바다의 한 섬인 자월도에 찾아가 '낙도 교육봉사'를 경험한 이후, 교육학은 머리로 하는 것이 아니라 손과 발, 그리고 마음으로 하는 것임을 계속 깨달아 가고 있다. 대학원에서 교육학을 전공하면서 기독교사회(TCF) 간사로 활동하기 시작했고, 이것이 계기가

되어 기독교사운동에 참여하여 지금도 좋은교사운동과 인연을 맺고 있다. 신학을 공부하고 지역 교회에서 목회할 때에는 교회교육의 안타까움이 나를 사로잡았고, 이 문제를 해결하기 위해 기독교교육학을 공부하기 시작했고 신학대학교의 기독교교육 관련 연구소의 책임연구원으로 전국을 뛰면서 현장을 경험하기도 하였다. 미국에서 기독교교육학으로 박사학위를 받고 기독교교육학 교수가 되었지만 교육현장을 변혁시키는 것이 진정한 교육이라는 생각은 깊어만 갔다.

기독교학교교육연구소의 설립, 이것은 필자의 기독교교육 여정의 또 하나의 전환점이다. 교회교육만이 아니라 이 땅의 왜곡되고 뒤틀린 학교교육을 가슴에 품고, 기독교교육은 바로 죽음의 교육을 생명의 교육으로 변화시키는 교육이고, 이 땅의 교육에 대한 진정한 대안 교육이 되어야 함을 깨닫게 된다. 교육의 영역에서 하나님 나라를 회복하기 위해서는 새로운 학교가 필요한데, 기독교대안학교 운동은 그러한 시도이다. 오랜 역사를 지녔지만 생명력이 상실된 기독교학교들이 명실상부한 기독교학교로 거듭나는 운동도 얼마나 귀한지 모른다. 이를 위해서는 교목이 파이팅할 수 있도록 지원하는 운동도 필요하고 한국교회가 구체적으로 참여할 수 있는 새로운 학원선교 운동도 요청된다. '기독학부모교실'을 개설하고 수많은 학부모들을 만나면서 한국교회 교인들을 기독학부모로 세우는 기독학부모 운동을 시대적 사명으로 인식하게 된다. 이와 맞물려 입시사교육바로세우기 기독교운동(입사기 운동)이 펼쳐지게 되는데, 이는 자녀교육에서도 예수를 믿는 '신앙갱신운동'을 통해 이 땅의 입시, 사교육 문제를 해결하는 실천적 운동이다.

기독교교육은 주일학교의 인원수를 늘리는 비결이 아니라 우리의 아이들이 하나님의 일꾼이 되어 이 땅에 하나님 나라를 건설하는 은총의 통로이다. 하나님이 당신의 자녀들을 교육하시는 그 하나님의 교육에 참여하는 과정이다. 그러기에 기독교교육 운동은 나의 운동, 우리의 운동을 넘어선 하나님의 운동이며, 하나님의 영향력이다. 이 책은 한국에서 일어나고 있는 이 기독교교육운동을 탐구하며, 하나님이 기뻐하시는 운동이 되기를 바라는 기대를 모은 것이다. 기독교대안학교 운동, 기독교학교 정체성 회복 운동, 기독교사 운동, 기독학부모 운동, 학원선교 운동, 주일학교갱신 운동, 기독교인재양성 운동, 기독교교육 네트워크 운동들이 꽃처럼 피어나고 있는 것은 하나님의 특별하신 은총이며, 우리 아이들을 향하신 하나님의 사랑의 선물이다. 하나님의 마음을 품고 이 땅의 교육을 바라보며, 손과 발로 기독교교육을 하기 원하는 모든 사람들에게 이 책을 바친다.

목차

제1장 기독교대안학교 운동
　1. 기독교대안학교의 정체성
　2. 한국 기독교대안학교의 실천적 과제

제2장 기독교학교 정체성 회복 운동
　3. 한국 기독교학교의 자율성 및 정체성 회복을 위한 과제
　4. 기독교학교교육헌장
　5. 기독교학교의 정체성 회복과 교목의 역할

제3장 기독교사 운동과 기독학부모 운동
　6. 기독교교육 운동으로서 좋은 교사 운동의 방향
　7. 기독학부모 운동의 가능성 탐색

제4장 학원선교 운동
　8. 비기독교학교에서 종교교육을 통한 학원선교
　9. 학원선교를 위한 지교회 로드맵

제5장 입시·사교육 바로세우기 기독교 운동
　10. 입시에 대한 기독교적 이해
　11. 입시문제 해결을 위한 한국교회의 과제

제6장 주일학교 갱신 운동과 기독교 인재양성 운동
　12. 교회교육 위기극복을 위한 교회·가정·학교 연계 모델
　13. 차세대교육과 기독교 인재양성
　14. 부흥한국을 위한 기독교 인재양성

제7장 한국 기독교학교교육 운동의 비전
　15. 평양대부흥 운동과 기독교학교 운동
　16. 하나님께서 기뻐하시는 기독교학교교육
　17. 기독교교육학과 교육학의 만남 : 기독교학교교육 운동을 위하여

3. 기독교교육과 사회: 기독교교육사회학 입문

박상진 저

한국기독교교육학회

2010

책과 인생은 분리되지 않는다. 의도적이든 비의도적이든 책을 쓰는 사람의 삶이 그 책 속에 스며들기 마련이다. 이 책은 나의 삶의 학문적 여정을 반영하고 있다. 대학의 교육학과에 입학해서 '왜 교육은 사회에 의해서 영향을 받기만 하고 사회를 변화시키지 못하는 것일까?'를 고민하면서 '사회를 변혁하는 교육'을 꿈꾸기 시작한 것이 이 책의 출발인 셈이다. 대학 3학년 때 수강했던 김영찬 선생님의 '교육인류학' 과목은 교육에 대한 나의 사회, 문화적 관심에 불을 지펴 주었다. 내 속에 학문의 열정이 있음을 깨닫게 해 주신 몇 분의 소중한 만남 가운데 하나로 기억하고 있다. 교육을 문화의 관점에서 바라보게 되니 교육을 새롭게 보는 눈이 뜨이게 된 것 같았다. 그 과목을 계기로 대학원에서 교육사회학을 전공하게 된다. 1980년에 대학원에 입학했으니 지금부터 30년 전의 일이다. 교육사회학개론을 가르쳐 주신 진원중 선생님, 학교사회를 미시적으로 들여다볼 수 있게 하신 박용헌 선생님의 따뜻한 격려를 잊을 수 없다. 그리고 내 논문 지도교수님이자 신교육사회학에 관심을 갖도록 도와주신 김신일 선생님을 만나게 되는데, 교육을 '가르치고 배우는 과정'으로만 알고 있었던 나에게 교육의 사회적, 정치적 의미를 깨우쳐 주셨고, 한국사회의 교육현실에 대한 비평적 성찰을 할 수 있는 안목을 갖게 해 주셨다. 이 책을 쓰면서 내내 이분들에 대한 감사한 마음으로 가득하였다.

대학원 시절부터 기독교사운동에 관심을 갖고 지금까지 좋은교사운동을 돕고 있는 것도 '교육과 사회'에 대한 학문적 관심과 무관하지 않음을 깨닫게 된다. 신학을 공부하고 기독교교육학을 전공하게 되면서도 '교육과 시민사회'를 비롯한 교육시민단체에 참여하게 된 것도, 기독교대안학교와 기독교학교교육 운동에 관심을 갖고 기독교학교교육연구소를 설립하게 된 것도, 기독교윤리실천운동, 좋은교사운동과 함께 '입시, 사교육 바로세우기 기독교운동'을 시작하게 된 것도, 그리고 아직은 미약하지만 기독학부모 운동을 시작하게 된 것도 지금 생각해 보니 교육사회학적 관심의 작은 열매들임을 확인하게 된다. 이 과정에서 알게 된 '교육고통'의 실상들, 그 아픔 때문에 신음하는 이 땅의 아동과 청소년들의 절규들, 그리고 부모들의 한숨 소리들, 그리고 이제는 지쳐 버린 교사들의 외침들이 나에게 무엇이 기독교교육인지에 대한 깊은 질문을 안겨주었다. 기독교교육이 '하나님의 교육'이라면 하나님의 애통함이 있는 곳에 함께 있어야 하지 않을까? 기독교교육이 교육의 영역에서 하나님의 나라를 추구하는 것이 되어야 하지 않을까? 기독교교육이 이 땅 교육의 현실을 변혁시키는 진정한 대안이 되어야 하지 않을까?

이 책은 이런 질문들에 대해 응답하고자 쓰인 책이다. 안타깝게도 교육현장에서는 '기독교교육과 사회'와 관련된 질문이 수없이 제기되는데, 이것에 답하고자 하는 노력이 그동안 너무나 부족했다. 기독교교육학 분야는 신학, 철학, 심리학과의 관계는 돈독한 편인데 비해 상대적으로 사회학과의 연결 고리는 그리 강한 편이 못된다. 외국의 경우에도 기독교교육과 사회와 관련된 몇 권의 편집된 책은 있지만 이 분야의 교과서로 쓰일 만한 단행본 책은 찾기가 어렵다. 사실 '기독교교육사회학'(Sociology of Christian education)이라는 용어 자체가 이 책에서 처음 사용되는 것이 아닌가 하는 생각이 든다. 아직 독립된 학문이라고 말하기에는 이르지만, 기독교교육학의 하위영역으로서의 중요성은 아무리 강조해도 지나치지 않을 것이다. 이 책은 기독교교육학도들을 위한 이 분야 개론서로 쓰인 책이지만, 기독교사나 교회학교 교사, 목회자, 기독학부모들에게도 기독교교육과 사회의 관계를 이해하기 위한 책으로 읽혀질 수 있다. 교회, 학교, 가정, 사회, 어느 곳에서 이루어지는 기독교교육이든 사회적인 성격을 지니기 때문이다.

이 책이 나올 수 있었던 것은 한국기독교교육학회가 기독교교육 연구시리즈를 발간하기로 기획하고, 이 분야의 집필을 부족한 저자에게 요청하였기 때문에 가능하였다. 전체 연구시리즈 기획을 맡으신 연세대학교 오인탁 명예교수님과 기꺼이 출판을 위한 모든 수고를 아끼지 않으신 도서출판 한교의 김봉익 목사님께 깊은 감사를 드린다. 그리고 이 책을 집필할 수 있도록 연구학기를 허락해 주신 장로회신학대학교 장영일 총장님, 그리고 현재 기독교교육학회를 맡아 수고하시는 김도일 회장님께 감사를 드린다. 아직 부족한 점이 너무 많아 출간을 주저했지만 용기를 내는 것은 오늘의 한국 기독교가 사회와 너무 소통이 부족한데, 이 책이 기독교교육이 사회와 소통하는 데에 조그마한 일조라도 할 수 있기를 기대하기 때문이다. 모든 영광을 하나님께 돌리며……

목차

제1장 기독교교육사회학이란?
제2장 사회적 차원을 강조하는 기독교교육 이론들
제3장 사회화로서의 기독교교육
제4장 문화와 기독교교육
제5장 교육의 평등과 기독교교육
제6장 기독교교육과정의 사회학
제7장 시험의 사회학과 기독교교육
제8장 입시에 대한 기독교교육적 이해
제9장 사회변혁과 기독교교육
제10장 기독학부모 운동의 가능성 탐색
제11장 기독교 사회교육
제12장 기독교교육사회학의 과제

4. 학교교육에 대한 기독교적 이해

박상진 외

교육과학사

2010

『학교교육에 대한 기독교적 이해』, 이 책은 기독교학교교육연구소가 설립될 때부터 구상된 책이다. 그동안 학교교육을 기독교적으로 탐구하는 국내의 책이 별로 없어서 외국 서적을 번역해서 읽을 수밖에 없는 안타까움이 있었다. 또한 학교교육의 현장에서는 기독교적인 접근을 시도하는 다양한 노력이 있음에도 불구하고 학문적으로 이를 제대로 뒷받침해 주는 책이 부족한 것에 대한 아쉬움이 있었다. 그리고 학교교육에 대한 기독교적 관심을 지닌 많은 기독인 교육학도들과 기독교교육학도들에게 강의를 하기 위한 교재를 찾기도 쉽지 않았다. 그런데 이제 이 책의 출판을 통해 그 갈증을 약간이나마 해갈할 수 있게 된 것이 얼마나 기쁜지 모른다.

이 책은 기독교교육학자와 기독인 교육학자들의 학문적 소통의 결과이다. 이 글을 쓰고 있는 나 자신의 학문적 여정이 먼저 교육학을 공부하고 그 이후에 기독교교육학을 공부하게 되면서, 이 두 학문의 소통이 필요함을 절감하였는데, 불행히도 그동안 이 두 영역 간에 학문적인 소통이 거의 없었다. 기독교교육학자들은 '교회교육에 대한 기독교적 이해'에 관심이 있었고, 기독인 교육학자들은 '학교교육에 대한 교육학적 이해'에 관심이 있었

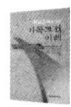

기 때문이다. 그러나 기독교교육학자들은 학교교육이 기독교교육학의 중요한 대상 영역임을 확인하게 되고, 기독인 교육학자들은 자신이 신앙적 관점으로 학교교육을 보려는 노력을 기울이기 시작하면서, '기독교적 학교교육'이라는 지점에서 만나게 된 것이다.

지난 2년 동안 전국에 흩어져 있는 기독교교육학자들과 기독인 교육학자들이 '기독교교육 네트워크'라는 이름으로 몇 차례 모임을 가지면서 서로의 관심을 나누게 되었고, 이러한 소통의 첫 산물로서 이 책이 나오게 된 것이다. 멀리서도 이러한 사귐과 나눔이 그리워서 서울역 KTX회의실 모임 장소까지 기꺼이 와서 참석하신 모든 필진들의 수고의 열매라고 할 수 있다.

물론 이 책의 모든 글이 정교하게 일치된 관점을 견지하고 있는 것은 아니다. 교육학적 입장에 있어서도 관점의 차이가 있을 수 있고, 기독교적 관점에 있어서도 약간의 스펙트럼이 있을 수 있다. 그러나 그 다양성이 갈등을 야기하기보다는 논의를 더 풍요롭게 해줄 수 있을 것이다.

이 책은 크게 네 가지 영역으로 구분될 수 있는데, '교육에 대한 기독교적 관점', '기독교적 교육사, 사회, 문화', '기독교적 교육과정, 교수방법', '기독교적 교육법, 교육행정' 등이다. '교육에 대한 기독교적 관점'에는 '기독교교육학과 학교교육', '학교의 교육철학', '지식교육에 대한 기독교적 이해' 등이 포함되며, '기독교적 교육사, 사회, 문화'에는 '한국의 근·현대사 속에서 기독교학교', '외국 기독교학교의 역사', '교육사회학의 관점과 기독교적 조명', '기독교 학교교육에 대한 문화적 접근' 등이 포함된다. '기독교적 교육과정, 교수방법'에는 '교육과정, 교과서, 평가 정책', '기독교적 교육과정 개발', '교육과정 운영의 실제', '학습과 동기, 지능에 대한 이해', '기독교적 교수설계' 등이 포함되며, '기독교적 교육법, 교육행정'에는 '기독교학교와 법,' '기독교적 교육공동체로서의 학교 조직', '학교교육과 지역사회' 등이 포함된다. 이 네 분과를 각각 박상진 교수, 김선요 교수, 김재춘 교수, 강영택 교수가 맡아서 분과별 모임을 진행하고 의견을 조율하는 역할을 담당하였다.

이 책은 무엇보다 학교교육에 대한 기독교적 접근을 시도하고 있다는 점에서 의의를 갖는다. 종래에는 기독교교육은 교회교육, 일반교육학은 학교교육이라는 이분법적 시각으로 나뉘어져 있었다면, 기독교교육학과 교육학이 서로 대화를 하면서 학교교육에 대한 기독교적인 이해를 도모한 책이다. 간학문적 연구가 강조되는 요즘, 인접분야이면서도 공동연구가 소홀했는데 그 한계를 극복하고 공동체적인 성과물을 내었다는 점도 의의가 될 수 있을 것이다. 각 과마다 토론문제를 제시함으로 주제에 따라 학생들이 서로 토론할 수 있는 기회를 갖도록 하였고, 참고문헌을 통해서 분야별로 더 읽어야 할 책들을 참고할 수 있도록 하였다.

바라기는 이 책을 시작으로 학교교육의 각 분야별로 기독교적인 탐구가 이루어지기를 기대하며, 기독교교육학자와 기독인 교육학자 간의 지속적인 학문적인 대화가 이루어지기를 바란다. 뿐만 아니라 이 책을 계기로 학교교육 분야가 기독교교육학의 중요 관심 영역으로 자리 잡을 수 있기를 바라고, 기독인 교육학자들이 기독교적 접근에 새로운 관심을 갖게 되기를 소망한다. 또한 학교교육에 대한 이론적인 연구만이 아니라 학교교육 현장의 이슈를 기독교적으로 조망하는 다양한 실천적 연구들이 이어지기를 바란다. 궁극적으로 우리가 추구하는 것은 이 땅의 교육이 하나님이 기뻐하시는 모습으로 변화되는 것이고, 교육의 영역에서 하나님의 나라가 이루어지는 것이기 때문이다.

이 책은 기독교교육학과 학부 학생들과 대학원생들을 위한 교재로 사용될 수 있으며, 교육학과 학부 학생들 및 대학원생들에게 기독교적인 접근을 소개할 수 있는 교재로 사용될 수 있다. 뿐만 아니라 현직 기독교학교 교사들과 일반 학교에서 가르치는 기독교사들이 일독할 만한 책이라고 생각된다. 그리고 자녀들을 학교에 보내는 모든 기독학부모들, 이 땅의 학교교육의 변화에 관심을 갖고 있는 모든 기독교인들에게 이 책을 적극 추천하고 싶다.

이 책을 집필해 주시기 위해서 기꺼이 수고를 감당해 주신 모든 필진들께 심심한 감사를 드린다. 그리고 이 책의 기획과 편집을 위해 처음부터 마지막까지 헌신적으로 수고한 기독교학교교육연구소 이종철 연구원과 모든 연구원들에게 고마움을 전하며, 기꺼이 이 책의 출판을 맡아 주신 교육과학사 김동규 사장님께 깊은 감사를 드린다.

목차

제1장 기독교교육학과 학교교육
제2장 학교의 교육철학
제3장 지식교육에 대한 기독교적 이해
제4장 한국의 근현대사 속에서 기독교학교
제5장 외국 기독교학교의 역사 - 미국을 중심으로
제6장 교육사회학의 관점과 기독교적 조명
제7장 기독교 학교교육에 대한 문화적 접근
제8장 교육과정, 교과서, 평가 정책
제9장 기독교적 교육과정 개발
제10장 교육과정 운영의 실제
제11장 학습과 동기, 지능에 대한 이해
제12장 기독교적 교수설계
제13장 기독교학교와 법
제14장 기독교적 교육공동체로서의 학교 조직
제15장 학교교육과 지역사회

이 책은 무엇보다 학교교육에 대한 기독교적 접근을 시도하고 있다는 점에서 의의를 갖는다. 종래에는 기독교교육은 교회교육, 일반교육학은 학교교육이라는 이분법적 시각으로 나뉘어져 있었다면, 기독교교육학과 교육학이 서로 대화를 하면서 학교교육에 대한 기독교적인 이해를 도모한 책이다.

5. 종교교육론 :
학교에서의 기독교적 종교교육

박상진 외

학지사

2013

오늘날 우리나라 교육에서 종교교육은 본래의 중요성만큼 대우받지 못하고 있다. 우리 사회에서 종교가 지대한 영향을 끼치고 있으며 개인의 삶에도 가장 중요한 영향력을 끼치고 있는데, 교육에서는 종교를 중요하게 다루고 있지 않은 것처럼 보인다. 우리나라에서는 '제4차 교육과정'부터 교육과정에 종교 과목을 포함하였고, 이에 따라 선택과목으로 종교 교과를 학교에서 가르칠 수 있는 길이 열리게 되었다. 그러나 국공립 학교나 비종교계 사립학교에서는 종교교육을 시행하지 않고 있으며, 오직 종교계 사립학교만이 종교 과목을 선택해서 교수하고 있다. 종교계 사립학교에서의 종교교육도 종파교육인지 종교적 교육인지 혹은 종교학 교육인지에 따라 전혀 다른 종교교육에 대한 이해와 태도를 갖는다. 평준화 정책 이후 교양 과목 중 한 과목으로서 종교학 교육을 통해 종교에 대한 객관적 이해를 도모해야 한다는 교육부의 입장과 종교적 건학이념을 내세우며 특정 종교의 교리와 신앙을 교수하기 원하는 종교계 학교의 입장이 때로 충돌하여 갈등을 빚기도 한다. 이런 과정에서 종교를 사적 영역으로 이해하고, 공적 영역인 교육에서는 종교를 가르치는 것이 바람직하지 않다는 '종교와 교육의 분리' 입장이 영향력을 과시하기도 한다. 결국 공교육에서 종교교육이 사라져 가고 있으며, 종교계 사립학교에서도 본래의 건학이념대로 종교교육을 할 수 없는 실정이다.

더욱 안타까운 것은, 종교교육에 대한 전반적 이해를 도울 수 있는 책이 거의 없다는 사실이다. 종교교사를 양성하는 종교 계통 대학교의 종교교육과에서는 '종교교육론' 과목을 필수과목으로 선정하고 있지만, 교과서로 사용할 수 있는 교재를 찾기는 매우 어려운 실정이다. 특히 특정 종교에 몸담고 있으면서도 종교교육 전반에 대한 어느 정도 균형 잡힌 시각을 제공해 줄 수 있는 교재에 대한 아쉬움이 컸다. 이러한 현실의 요구에 부응하기 위해 이 책을 기획하였다. 기독교학교교육연구소가 주관하여 '학자 네트워크'라는 이름으로 종교교육 관련 학자들이 모였고, 2년이 넘는 시간 동안 대화와 토론의 장을 가졌으며, 다양한 종교의 종교교육 현장 지도자들을 초청하여 논의했다. 이 책은 이러한 노력의 결실이다. 이 책의 저자들은 교육학, 종교교육학 및 법학을 전공하는 학자들로서 모두 기독교적 신앙을 지니고 있으며, 이런 점에서 기독교적 관점에서 종교교육에 대한 이해를 도모하고 있다고 볼 수 있다.

이 책은 크게 네 가지 영역으로 구성되어 있다. 제1부 '공교육과 종교교육'에서는 종교교육의 정당성을 탐구하고 그 개념과 유형을 이해하며, 공교육에서의 종교교육이 어떠해야 하는지를 논의한다. 제2부 '외국의 종교교육'에서는 영국과 독일의 종교교육을 각각 고찰한다. 제3부 '기독교학교에서의 종교교육'에서는 우리나라 기독교학교의 종교교육의 변천을 파악하고, 우리나라의 교육제도에서 기독교학교의 존재 방식을 논의하며, 종립학교의 종교교육의 자유와 학생의 종교교육 거부의 자유 간 갈등을 탐구하고, 기독교대안학교와 홈스쿨링에서의 종교교육에 대해 설명한다. 마지막으로 제4부 '종교교육 지원체제'에서는 종교교사 양성과 종교교육 활성화를 위한 지원체제를 다룬다. 각 장은 해당 주제를 가장 잘 기술할 수 있는 연구자가 집필하였는데, 강영택 교수가 1장과 6장, 유재봉 교수가 2장과 4장, 박상진 교수가 3장과 11장, 고원석 교수가 5장, 김재춘 교수가 7장, 박종보 교수가 8장, 임경근 교수가 9장, 그리고 장화선 교수가 10장을 담당하였다.

바쁘신 가운데도 우리나라의 종교교육에 애정을 갖고 토의에 참여하여 귀한 글을 써 주신 모든 저자께 감사를 드린다. 그리고 이 책이 나오기까지 수고를 아끼지 않은 이종철 실장을 비롯한 기독교학교교육연구소 연구원들께도 감사를 드리며, 이 책의 출판을 기꺼이 허락해 주시고 좋은 책으로 출간될 수 있도록 온갖 정성을 기울여 주신 학지사 김진환 사장님을 비롯한 관계자 여러분께도 감사하다는 말씀을 전한다. 이 책의 출판을 통해 우리나라의 종교교육, 특히 기독교학교에서의 종교교육이 더욱 성숙할 수 있기를 바라며, 더 많은 분이 종교교육에 관심을 갖는 통로가 되기를 기대한다.

목차

제1부 공교육과 종교교육
  제1장 종교교육의 개념과 유형
  제2장 종교교육의 정당성
  제3장 공교육에서의 종교교육

제2부 외국의 종교교육
  제4장 영국 학교 종교교육의 변천
  제5장 독일 학교 종교교육의 변천

제3부 기독교학교에서의 종교교육
  제6장 한국 학교 종교교육의 변천
  제7장 한국 기독교학교에서 종교교육의 가능성
  제8장 종립학교의 종교교육의 자유와 학생의 종교교육 거부의 자유
  제9장 기독교대안학교와 기독교 홈스쿨링의 종교교육

제4부 종교교육 지원체제
  제10장 종교교사 양성
  제11장 종교교육 활성화를 위한 지원체제

6. 종교적 갈등이 없는 학교 – 회피 및 전학 제도

박상진 외

예영커뮤니케이션

2015

종교적 갈등이 없는 평화로운 학교가 과연 가능할까? 이 책은 그 해답을 제시하고 있다. 우리나라의 교육 문제 중 가장 심각한 문제 중 하나가 평준화 체제 속에서 원치 않는 종교계 학교에 배정된 학생들의 종교적 인권을 어떻게 보호할 것이냐 하는 것이다. 평준화 제도가 과열 입시를 해소하기 위한 것으로써 고교 서열화를 어느 정도 없애는 데에는 공헌했지만, 사립학교, 특히 종교계 사립학교까지 공교육 체제 속에 포함하여 평준화 제도를 시행하는 바람에 원치 않는 종교계 학교에 배정된 학생들의 헌법적 권리인 '종교의 자유'를 보장하지 못하고 있다.

이는 종교계 학교에 대해서도 마찬가지이다. 분명한 건학이념을 갖고 종교교육을 통한 인성교육과 지도자 양성을 위해 종교계 사립학교를 세우고 오랜 세월 동안 종교교육을 잘 수행해 왔는데, 평준화 제도로 인해 종교교육을 원치 않는 학생들까지 배정됨으로 인하여 종교교육의 자유가 제한될 수밖에 없는 상황에 직면한 것이다.

이 두 가지 딜레마, 즉, 학생의 종교의 자유와 종교계 학교의 종교교육의 자유가 충돌되는 현상을 해결할 수 있는 방법이 없는 것일까? 학교 안에서 종교적 갈등 없이 평화로운 교육이 이루어질 수 있는 방안이 과연 있을까? 이 책은 그 해법으로 '회피 및 전학 제도'를 제안하고 있다.

'회피 및 전학 제도'는 평준화 체제 속에서도 원치 않는 종교계 학교에는 배정되지 않고 '회피'할 수 있도록 학교 배정 제도를 개선하는 것이며, 학교 입학 후에도 종교적인 이유로 전학을 희망할 경우에는 이를 허용하는 제도를 의미한다. 사실 정부가 평준화 제도로 인하여 발생하는 이러한 문제를 미리 예견하고 이를 해결할 수 있는 방식으로 평준화 제도를 시행했어야 했으며, 시행 후에라도 그 문제를 해소하려는 정책적인 노력을 기울여야 했음에도 불구하고 안타깝게도 국가와 정부, 지방교육자치단체는 이러한 문제를 학교와 학생 당사자 사이의 문제로 인식하는 경향이 있어 왔다. 종교계 학교가 정상화되기 위해서 가장 우선 필요한 것이 학생의 종교의 자유와 종교계 학교의 종교교육의 자유가 충돌하는 것을 해결하는 것인데, 기독교학교정상화추진위원회는 이를 가능케 하는 최적의 방안을 '회피 및 전학 제도'로 보고 여러 전문가들과 함께 연구팀을 구성하여 연구를 수행하고 그 결과를 정책안으로 제안하고 있다.

이 책은 오늘날 평준화 제도 속에서 학생들의 종교적 인권이 어떻게 침해되고 있는지, 그리고 종교계 학교는 사립학교임에도 불구하고 종교교육의 자율성을 얼마나 누리지 못하고 있는지를 양적 연구와 질적 연구를 통해 상세히 소개할 뿐 아니라 교육철학, 교육행정, 교육법의 차원에서 이 문제를 다각도로 조명하고 그 대안을 모색하고 있다. 이 책이 종교와 교육, 종교적 인권, 종교계 학교에 관심 있는 모든 분들에게 중요한 통찰을 줄 수 있으리라 확신한다.

이 책을 집필하신 모든 집필진과 편집을 위해 수고한 함승수 목사와 김은아 간사, 그리고 기꺼이 출판을 허락해 주신 예영커뮤니케이션의 원성삼 대표님께 감사를 드린다. 이 책이 한국의 모든 학생들의 종교적 인권을 보장하고 종교계 학교의 건학이념을 구현하는 데 있어서 한 단계 더 성숙하도록 돕는 가이드가 될 수 있기를 바란다.

목차

1장 종교교육의 자유와 종교의 자유 보장을 위한 회피 및 전학 제도
  1. 들어가는 말
  2. 현 종교계 학교교육의 문제들
  3. 종교교육 갈등 원인으로써 평준화 제도와 국가의 책임
  4. 종교교육의 갈등을 해결하기 위한 회피 및 전학 제도
  5. 나가는 말

2장 종교교육으로 인한 회피 및 전학 제도 해외 사례
  1. 들어가는 말
  2. 영국의 사례
  3. 독일의 사례
  4. 미국의 사례
  5. 일본의 사례
  6. 나가는 말: 해외 사례가 주는 시사점

3장 학교 배정 및 회피 제도 설문조사 분석
  1. 인적 사항
  2. 종교계 학교 배정에 대한 인식조사
  3. 회피 및 전학 제도에 대한 의식조사
  4. 소결

4장 종교계 학교에서의 종교교육 및 갈등 현실에 대한 질적 분석
  1. 면담 개요
  2. 면담 내용 분석 결과
  3. 종합

5장 회피 제도 도입에 관한 법 제도 검토
  1. 회피 및 회피 전학 제도 도입 관련 법 제도 검토
  2. 현 제도 하에서의 소송 가능성

6장 연구 결과에 근거한 제언

7. 평양대부흥운동과 기독교학교

박상진 외

예영커뮤니케이션

2007

2007년, 평양에서 대부흥운동이 일어난 지 100주년이 되는 해이다. 1907년의 평양대부흥운동은 한국교회가 오늘날처럼 성장할 수 있었던 토대를 놓은 사건이라고 할 수 있다. 전국적으로 회개운동이 일어났고 소위 사경회라는 성경공부운동이 일어났으며, 핍박 가운데서도 영혼을 구하는 전도운동이 일어나기도 하였다. 그런데 평양대부흥운동의 가장 중요한 영향 가운데 하나가 기독교학교 운동이다. 당시의 기독교학교 운동은 두 가지 형태로 나타나게 되었다.

하나는 기존의 기독교학교 안에서 일어난 부흥운동이다. 장대현교회를 시작으로 하여 일어난 영적 각성운동과 회개운동이 기독교학교 안에서 일어나기 시작하여, 다시 한 번 기독교학교가 새로워지게 된 운동이다. 다른 하나는 새롭게 교회가 기독교학교를 설립하는 운동이다. '일교회 일학교'라는 구호를 내걸고 한 교회가 한 학교를 세우는 기독교학교 설립운동이 일어나게 되었다.

솔내교회는 교회 건물을 짓기 전에 학교를 세우는 데에 그들의 헌금을 모았다. 민족을 위한 기독교적 지도자를 양성하려는 당시 교인들의 열정은 그 가난 속에서도 기독교학교를 세우는 운동으로 전개되었던 것이다.

　오늘날 이 두 가지 운동이 우리에게도 필요하다. 진정으로 평양대부흥운동의 의미를 되새기려면 기독교학교에 대한 관심을 가져야 한다. 무엇보다 기존의 기독교학교들이 새롭게 부흥해야 한다. 작금의 기독교학교의 현실이 어떠한가? 공교육 상황 속에서 이제는 기독교학교의 정체성을 지키기가 어려울 정도로 위기적 현실이다. 설립자와 이사장, 교장과 교목, 모든 기독 교사들이 새롭게 부흥을 경험해야 한다. 우리가 돌이킬 것이 있다면 회개하고 각성하고, 결단해야 할 것이 있다면 용감하게 결단해야 할 것이다. 그래서 새롭게 기독교학교가 부흥하는 원년이 되어야 할 것이다.

　동시에 한국교회는 기독교학교 설립운동에 관심을 가져야 한다. 현재의 기독교학교로 충분하지 않다. 더 많은 기독교학교가 세워져서 기독교적 가치관에 입각한 기독교교육을 받을 수 있는 기회를 제공할 책임이 있다. 우리가 목도하는 대로 오늘날 교육은 황폐해 있으며 더 이상 민족에게 소망을 주지 못하고 있다. 한국교회가 그동안 교육에 무관심했음을 회개하며 진정한 교육적 대안을 제시할 수 있어야 한다. 모든 교인들은 기독학부모로서의 정체성을 회복하여 자녀들에 대한 기독교교육의 책임을 통감하고 이 일에 동참하여야 한다.

　이를 위해 우리가 미국을 비롯한 해외에서 좋은 기독교학교의 사례들을 배울 필요가 있고, 우리보다 앞서서 경험한 그들의 기독교학교교육의 노하우를 전수 받는 것도 중요하다. 그런데 이와 더불어 우리의 역사 속에서 우리의 선조들이 경험하고 행했던 기독교교육으로부터 진액을 공급받는 것은 매우 중요하다. 100년 전에 이미 한국교회 신앙의 선배들이 기독교학교의 필요성을 절감했고, 민족을 변화시키는 기독교학교운동을 일으켰음을 상기하며 그 열정, 그 헌신, 그 용기, 그 기도를 배워야 할 것이다. 이 책은 그런 배움의 과정으로 쓰여졌다. 귀한 글들을 써 주신 필진들께 감사드리며, 이 책이 기독교학교의 부흥을 향한 소중한 디딤돌이 되기를 소망한다.

목차

서론 1907년 평양대부흥운동의 기독교교육적 의미

1부 기독교학교의 정체성
    1장 한국 기독교학교의 현실진단 및 갱신 운동
    2장 기독교대안학교의 정체성 문제 분석

2부 기독교학교의 부흥
    3장 대부흥운동이 기독교학교 설립에 끼친 영향
    4장 신앙과 학문, 교회와 교육 사이의 역동성 발견

3부 기독교학교의 설립
    5장 한국교회 초기 기독교학교 설립
    6장 토착교회가 설립한 기독교학교의 역할

4부 기독교학교의 건학이념
    7장 한국교회 초기 기독교학교의 건학이념 연구
    8장 기독교학교 비판, 사료 통한 대응 기대

5부 기독교학교의 교육과정
    9장 한국교회 초기 기독교학교 교육과정
    10장 교육과정을 통한 기독교학교의 새로운 이해

진정으로 평양대부흥운동의 의미를 되새기려면 기독교학교에 대한 관심을 가져야 한다. 공교육 상황 속에서 이제는 기독교학교의 정체성을 지키기가 어려울 정도로 위기적 현실이다. 설립자와 이사장, 교장과 교목, 모든 기독 교사들이 새롭게 부흥을 경험해야 한다. 우리가 돌이킬 것이 있다면 회개하고 각성하고, 결단해야 할 것이 있다면 용감하게 결단해야 할 것이다. 그래서 새롭게 기독교학교가 부흥하는 원년이 되어야 할 것이다.

8. 기독교학교, 역사에 길을 묻다

박상진 외

예영커뮤니케이션

2013

오늘날 기독교학교가 위기에 처해 있다는 말을 많이 듣게 된다. 기독교학교에 몸담고 있는 사람이든 바깥에서 기독교학교를 바라보는 사람이든 기독교학교가 위기라는 데에는 이견이 없다. 여기에는 기독교적인 건학이념을 구현할 수 없는 제도적, 구조적 문제와 입시 위주의 교육 속에서 기독교교육을 상실한 학교 내부의 문제가 중첩되어 있다.

이런 위기적 현실 속에서 기독교학교는 어디를 향해 가야 할지 길을 잃어버렸다. 가야 할 길을 잃어버린 기독교학교는 누군가에게 길을 물어야 한다. 누구에게 길을 물을 것인가? 누가 가야 할 길을 가장 잘 일러줄 수 있을 것인가? 길을 잃어버린 기독교학교에 길을 찾게 해줄 수 있는 이가 누구인가? 바로 기독교학교의 역사이다. 지난 120여 년의 한국의 기독교학교 역사는 오늘날 기독교학교가 가야 할 길을 알고 있다.

"기독교학교, 역사에 길을 묻다"라는 제목의 이 책은 기독교학교의 역사를 스승 삼고 거울 삼아 오늘날 기독교학교의 아픔과 고뇌, 안타까움에 대한 역사의 지혜를 배우고자 한다. 1885년부터 시작된 한국의 기독교학교 역사는 오늘날 기독교학교가 경험하는 거의 모든 것을 이미 경험하였다. 그 경험들을 다시금 조망하면서 오늘날 기독교학교가 어떻게 이 위기를 헤쳐 나가야 할지를 깨닫고자 한다.

먼저 초기 한국교회의 학교 설립과 지원체제를 살펴보고, 초기 기독교학교와 지역사회와의 관계, 구한말 기독교학교/신식학교의 설립에서 내한 선교사와 토착(土着)인 교육자의 상호관계를 고찰하고, 초기 기독교학교에서의 신앙교육, 개화기 기독교학교의 민족교육, 그리고 한국 초기 기독교학교의 쇠퇴를 파악하고, 각 장마다 오늘날 기독교학교의 위기에 주는 교훈을 찾아볼 것이다.

이 책은 기독교학교의 뿌리를 발견하게 해주며, 오늘의 기독교학교가 믿음의 선배들의 헌신 위에 세워진 학교임을 깨닫도록 하고, 초창기 기독교학교가 척박한 환경 속에서 어떻게 사명을 감당했는지를 인식하게 할 것이다. 그리고 초기 기독교학교가 교회 및 지역사회와 어떤 관계를 맺었으며 민족과 사회를 위해서 어떤 공적 역할을 감당했는지를 보여줄 것이다.

이 책은 기독교학교에 몸담고 있는 교육행정가, 교목, 교사들은 물론 기독교대안학교를 섬기는 모든 이들이 읽어야 할 필독서이다. 또한 기독교학교의 설립과 지원에 관심이 있는 모든 목회자들과 성도들이 일독하기를 권한다.

이 책을 펴내기 위해 수고하신 모든 필진들과 기독교학교교육연구소의 모든 연구원들, 그리고 기꺼이 출판의 수고를 담당한 예영커뮤니케이션의 김승태 사장님께 감사를 드린다.

목차

1장 초기 한국교회의 학교 설립과 지원체제 연구
　1. 들어가는 말
　2. 초기 한국교회의 기독교학교 설립
　3. 초기 한국교회의 기독교학교 설립 목적
　4. 기독교학교를 위한 교회의 지원체제
　5. 오늘날 한국교회와 기독교학교에 주는 교훈
　6. 나가는 말

2장 초기 기독교학교에서의 지역사회와 학교의 관계 :
평북 정주 오산학교의 이상촌 운동을 중심으로

1. 들어가는 말
2. 오산학교, 신민회 그리고 오산공동체
3. 오산의 이상촌 운동
4. 풀무학교로 이어진 오산의 전통
5. 나가는 말

3장 구한말 기독교학교/신식학교의 설립에서
내한(來韓) 선교사와 토착(土着)인 교육자의 상호관계 고찰

1. 들어가는 말
2. 수용과 전파 혹은 전파와 수용
3. "신(新)문명의 빛"으로 대중에게 다가온 기독교(개신교)
4. 신식학교 내지 기독교학교의 설립유형
5. 나가는 말

4장 초기 기독교학교에서의 신앙교육

1. 들어가는 말
2. 초기 기독교학교의 설립 배경
3. 초기 기독교학교들의 신앙교육
4. 나가는 말

5장 개화기 기독교학교의 민족교육

1. 들어가는 말
2. 기독교학교의 교과과정
3. 교과활동에 나타난 민족교육
4. 나가는 말

6장 한국 초기 기독교학교의 쇠퇴에 관한 연구 : 장로교 계통의 소학교를 중심으로

1. 들어가는 말
2. 한국 초기 기독교학교의 설립과 쇠퇴
3. 한국 초기 기독교학교의 쇠퇴 원인과 한국교회의 노력
4. 오늘날 한국교회와 기독교학교에 주는 교훈
5. 나가는 말

9. 기독교학교운동사

박상진 외

쉼이있는교육

2021

오늘날 한국의 기독교학교는 어떤 방향으로 나아가야 하는가? 기독교학교의 나아갈 방향에 대한 진정한 모색은 단지 다가올 미래에 대해 상상한다고 되는 것은 아니다. 사실 진정한 미래가 과거에 뿌리를 두고, 현재에 줄기가 뻗고, 마침내 미래에 피는 꽃과 같은 것이라면 과거를 성찰하는 것 이상으로 중요한 일은 없다. 한국 기독교학교의 미래 전망은 그런 점에서 과거 기독교학교의 역사를 깊이 있게 분석하는 작업으로부터 시작되어야 한다.

그런데 안타깝게도 그동안 우리나라 기독교학교의 역사에 대한 연구가 충분하게 이루어지지 못했다. 일반 교육의 역사 속에서 잠시 언급되거나 교회사 연구에서 일부 다루어지는 정도에 불과했다고 말해도 과언이 아닐 것이다.

이 책은 우리나라에서 기독교학교가 어떻게 시작되었으며, 어떻게 확산되어 오늘에 이르게 되었는지를 분석하되 기독교학교운동의 관점에서 기술하였다. 기독교학교를 설립하고 발전시키는 데에는 설립자들을 비롯한 기독교교육자들의 헌신과 수고, 열정이 있었고, 여러 가지 장애와 난관이 있었지만 이를 극복하고 오늘에 이르게 된 큰 흐름이 있었다. 이 흐름을 몇 가지로 분류하고 그 분야의 전문 학자들이 연구, 분석하여 이를 책으로 묶은 것이다.

처음 흐름은 개화기부터 일제강점기에 이르는 시기로서 이 분야의 전문가인 한국기독교역사연구소 박혜진 박사가 "개화기-일제강점기 기독교학교의 설립과 의의"라는 주제로 연구하였다. 두 번째 흐름은 북간도에서 일어난 기독교학교 운동인데, 우석대학교의 강영택 교수가 이를 집중적으로 조명하여 "일제강점기 북간도 기독교학교운동의 특징과 교육적 시사"로 기술하였다. 세 번째 흐름은 해방 이후 기독교학교 설립 운동인데, 장로회신학대학교의 박상진 교수가 "해방 이후 기독교 사립학교 팽창 및 요인 분석"이라는 주제로 집필하였다. 마지막 흐름은 가장 최근의 기독교학교운동의 역사로서 "한국 기독교대안학교 운동사"를 고신대학교 조성국 교수가 연구하였다.

기독교학교교육연구소 창립15주년을 기념하여 발간하는 이 책의 출간을 시작으로 기독교학교 역사에 대한 더 활발한 연구와 출판이 이루어지기를 기대한다. 연구와 집필에 기꺼이 참여해 주신 네 분의 필진에게 감사드리고, 이종철 부소장을 비롯한 원지은 연구원 외 모든 기독교학교교육연구소 연구원들에게 감사드리며, 이 책의 출판을 위해 수고한 도서출판 쉼이있는교육 관계자들에게도 감사의 인사를 전한다. 우리의 선배 기독교교육자들에 의해 지금까지 이어져 온 기독교학교의 역사가 오늘과 내일의 기독교교육자들에 의해 계승되며, 더욱 아름답게 발전해 가기를 소망한다.

목차

제1장 개화기 일제강점기 기독교학교의 설립과 의의
  I. 들어가는 말
  II. 한국 기독교학교의 설립
  III. 한국 기독교학교의 교육 이해
  IV. 한국 기독교학교교육의 특징과 의의
  V. 나가는 말

제2장 일제강점기 북간도 기독교학교운동의 특징과 교육적 시사
  I. 들어가는 말
  II. 북간도의 한인학교 설립 실태

Ⅲ. 북간도의 기독교학교 실태
　　　Ⅳ. 북간도의 기독교학교운동의 특징
　　　Ⅴ. 나가는 말
제3장 해방 이후 기독교 사립학교의 팽창 및 요인 분석 연구
　　　Ⅰ. 들어가는 말
　　　Ⅱ. 해방 이후 기독교 사립학교의 성격 및 역사 시기 구분
　　　Ⅲ. 해방 이후 사립학교 및 기독교 사립학교의 팽창
　　　Ⅳ. 해방 이후 기독교 사립학교의 팽창 요인
　　　Ⅴ. 나가는 말
제4장 한국 기독교대안학교 운동사
　　　Ⅰ. 들어가는 말
　　　Ⅱ. 한국 기독교대안학교 운동의 배경
　　　Ⅲ. 기독교대안학교 설립운동의 발전과 학교 유형
　　　Ⅳ. 한국 기독교대안학교 운동의 선구자들과 촉진자들
　　　Ⅴ. 나가는 말

이 책은 우리나라에서 기독교학교가 어떻게 시작되었으며, 어떻게 확산되어 오늘에 이르게 되었는지를 분석하되 기독교학교운동의 관점에서 기술하였다. 기독교학교를 설립하고 발전시키는 데에는 설립자들을 비롯한 기독교교육자들의 헌신과 수고, 열정이 있었고, 여러 가지 장애와 난관이 있었지만 이를 극복하고 오늘에 이르게 된 큰 흐름이 있었다. 이 흐름을 몇 가지로 분류하고 그 분야의 전문 학자들이 연구, 분석하여 이를 책으로 묶은 것이다.

10. 입시에 대한 기독교적 이해

박상진 외

예영커뮤니케이션

2008

입시는 교육 고통의 중심에 위치해 있다. 조기유학, 사교육 팽창, 청소년 자살 등 온갖 교육문제들이 입시에 연유되어 있다. 입시는 아동과 청소년들의 생존권과 수면권, 행복추구권 등 기본적인 인권을 침해할 뿐 아니라 수많은 부모들에게 엄청난 고통을 안겨주고 있다. 특히 대학입시는 중, 고등학교 교육은 물론 초등학교 교육과 유치원 교육까지 입시위주의 교육으로 왜곡시키고 있다. 마치 '붕어빵을 찍듯이' 수능시험에 맞추어 획일적인 교육을 실시하고 있다.

학교에서 인성교육과 성품교육, 그리고 예체능교육은 그 모습을 찾기 어려울 정도로 유명무실해지고 있다. 오직 입시경쟁에서 살아남아 소위 일류대학에 진학하는 것을 '성공' 이라고 부르며, 그 경쟁에 학생들을 투입시키는 총성 없는 전쟁만이 있을 뿐이다. 스프링 벅의 산양 떼 이야기처럼 이제는 더 이상 앞에 있는 풀을 먹기 위해 움직이는 것이 아니라 옆의 산양보다 먼저 달려야 한다는 경쟁으로 인해 모든 산양 떼가 초원을 지나쳐 버리고 마침내 낭떠러지에 떨어져 죽는 것 같은 현상이 오늘의 입시경쟁의 모습이다.

입시에 대해서 기독교인들은 어떤 모습을 지니고 있는가? 한국교회는 입시문제 해결을 위해서 어떤 노력을 기울여 왔는가? 적어도 입시에 대해서 만큼은 기독교인들도 비기독교인들과 크게 다르지 않은 것처럼 보인다. 기독교 신앙이 있더라도 자녀교육, 특히 입시에 대해서는 기독교적 관점을 지니고 이를 실천하기보다는 세속적인 경향을 지닌다. 자녀교육에 있어서 성경적인 기준과 하나님의 방식을 따르기보다 주위의 다른 사람들을 의식하면서 자녀들을 입시 위주의 교육으로 내몰고 있는 것에서 비기독교인과 차이가 없다. 기독교인 학부모들마저도 소위 '옆집 아주머니'의 영향에서 벗어나지 못하고, 남들처럼 하지 않으면 불안해지고 두려워지는 것이다. 한국 그리스도인들이 자녀교육에 있어서도 과연 그리스도인인가? 크리스천이면서 부모인 사람은 많지만, 진정한 크리스천 부모는 많지 않은 것이 오늘의 현실이다. 자신의 신앙이 자녀교육, 특히 입시문제까지 연계되어 그 영역에서도 '주님되심'을 인정하는 사람을 찾기 쉽지 않다. 한국교회는 대부분이 학부모인 교인들에게 기독교적 자녀교육관을 올바로 심어주지 못하였고 입시에 대한 기독교적 관점을 확립시켜 주지 못하였다. 오히려 교회 안에서조차 입시 위주의 문화가 팽배한 것이 부인할 수 없는 사실이다.

  기독교학교교육연구소가 입시를 연구주제로 설정한 것은 입시에 대한 기독교적 관점을 정립하는 것이 가장 중요하다고 보았기 때문이다. 입시에 대한 기독교적 이해가 분명하지 않으면 아무리 기독교가정이라도 세속가정으로 전락해 버리고, 건학이념이 좋은 기독교학교라도 세속학교로 전락해 버린다. 심지어 교회학교마저도 입시의 파도가 몰아닥치면 무기력해져서 신앙교육의 주도권마저 상실해 버리게 된다. 『입시에 대한 기독교적 이해』는 입시에 관한 3년 연구의 1차년도 결과물로서 입시에 대한 기독교적 논의를 시작했다는 중요한 의의를 갖는다. 입시에 대한 기독교 영역에서의 최초의 논의라고 생각된다. 첫 시도이기에 설익은 부분들이 있을 수 있지만, 입시문제에 대한 기독교적 해결의 실마리를 풀 수 있는 계기가 될 수 있기를 기대한다. 향후 입시에 대한 기독교적 대안 모색에 관한 심도 있는 연구가 계속될 것이다. 이 책을 읽는 목회자, 기독교학교 교사, 기독교 교육자, 기독학부모 등 모든 분들이 교육 고통에 대해 애통하는 마음을 갖고, 입시에 대한 하나님의 뜻을 깨닫고 이를 실천하는 통로가 될 수 있기를 바란다. 귀한 연구를 수행해 주신 필진들과 이종철, 이수경 연구원을 비롯한 연구소의 동역자들, 그리고 연구에 필요한 재정을 지원해 주신 높은뜻 숭의교회와 독수리교육공동체를 비롯한 여러 후원 단체들에게 깊은 감사를 드리며, 이 땅에 하나님의 교육이 펼쳐질 수 있기를 간절히 소망한다.

목차

입시에 대한 기독교교육적 이해
  Ⅰ. 서론
  Ⅱ. 입시에 관한 기독교교육 연구의 부재 원인
  Ⅲ. 입시에 대한 기독교교육적 이해의 구조
  Ⅳ. 입시에 대한 기독교교육적 분석 : 문화적 접근
  Ⅴ. 입시에 대한 기독교교육적 이해
  Ⅵ. 결론 : 기독교적 입시를 위한 과제

입시 경쟁에 대한 성서적·신학적 입장
  Ⅰ. 서론
  Ⅱ. 한국교육을 지배하는 무한경쟁주의 이데올로기
  Ⅲ. 입시 경쟁에 대한 성서신학적 입장
  Ⅳ. 입시 경쟁에 대한 신학적 입장
  Ⅴ. 결론

한국교회에서의 입시 이해
  Ⅰ. 연구의 목적
  Ⅱ. 연구내용
  Ⅲ. 연구방법
  Ⅳ. 연구결과
  Ⅴ. 논의 및 결론

기독교학교의 교육 목표와 대학 입시
  Ⅰ. 서론
  Ⅱ. 문헌 연구
  Ⅲ. 연구방법
  Ⅳ. 연구결과
  Ⅴ. 논의
  Ⅵ. 결론 : 요약 및 제언

11. 입시에 대한 기독교적 대응

박상진 외

예영커뮤니케이션

2009

입시는 교육 고통의 중심에 위치해 있다. 조기유학, 사교육 팽창, 청소년 자살 등 온갖 교육 문제들이 입시에 연루되어 있다. 입시는 아동과 청소년들의 생존권과 수면권, 행복 추구권 등 기본적인 인권을 침해할 뿐 아니라 수많은 부모들에게 엄청난 고통을 안겨 주고 있다. 특히 대학입시는 중·고등학교 교육은 물론 초등학교 교육과 유치원 교육까지 입시 위주의 교육으로 왜곡시키고 있다.

학교에서 인성교육과 성품교육, 그리고 예체능교육은 그 모습을 찾기 어려울 정도로 유명무실해지고 있다. 오직 입시 경쟁에서 살아남아 소위 일류대학에 진학하는 것을 '성공'이라고 부르며, 그 경쟁에 학생들을 투입시키는 총성 없는 전쟁만이 있을 뿐이다.

입시에 대해서 기독교인들은 어떤 태도를 취하고 있는가? 한국교회는 입시문제를 해결하기 위해서 어떤 노력을 기울여 왔는가? 적어도 입시에 대해서 만큼은 기독교인들도 비기독교인들과 크게 다르지 않은 것처럼 보인다. 기독교 신앙이 있더라도 자녀교육, 특히 입시에 대해서는 기독교적 관점을 지니고 이를 실천하기보다는 세속적인 경향을 지닌다. 자녀교육에 있어서 성경적인 기준과 하나님의 방식을 따르기보다는 주위의 다른 사람들을 의식하면서 자녀들을 입시 위주의 교육으로 내몰고 있는 것에서 비기독교인과 차이가 없다. 기독교인 학부모들마저도 소위 '옆집 아주머니'의 영향에서 벗어나지 못하고, 남들처럼 하지 않으면 불안해 하고 두려워 하는 것이다. 한국의 그리스도인들이 자녀교육에 있어서도 과연 그리스도인인가? 그리스도인이면서 부모인 사람은 많지만, 진정한 그리스도인 부모는 많지 않은 것이 오늘의 현실이다. 자신의 신앙이 자녀교육, 특히 입시 문제까지 연계되어 그 영역에서도 '주님되심'을 인정하는 사람을 찾기가 쉽지 않다. 한국교회는 대부분이 학부모인 교인들에게 기독교적 자녀 교육관을 올바로 심어 주지 못하였고, 입시에 대한 기독교적 관점을 확립시켜 주지 못하였다. 오히려 교회 안에서조차 입시 위주의 문화가 팽배한 것이 부인할 수 없는 사실이다.

기독교학교교육연구소가 입시를 연구 주제로 설정한 것은 입시에 대한 기독교적 관점을 정립하는 것이 가장 중요하다고 보았기 때문이다. 입시에 대한 기독교적 이해가 분명하지 않으면 아무리 기독교 가정이라도 세속 가정으로 전락해 버리고, 건학이념이 좋은 기독교학교라도 세속학교로 전락해 버린다. 심지어 교회학교마저도 입시의 파도가 몰아닥치면 무기력해져서 신앙교육 주도권마저 상실해 버리게 된다. 때문에 작년 1차년도 연구는 이런 입시에 대한 기독교적 이해를 돕고자 하였다. 1차 연구는 입시에 대한 기독교 영역에서의 최초의 논의라고 생각된다. 이런 이해를 바탕으로 2차 연구에서는 입시에 대해 기독교적으로 어떻게 대응해야 하는지를 논하고자 한다. 이런 논의들이 입시 문제에 대한 기독교적 해결의 실마리를 풀 수 있는 계기가 될 수 있기를 기대한다. 이 책을 읽는 목회자, 기독교학교 교사, 기독교교육자, 기독 학부모 등 모든 분들이 교육 고통에 대해 애통하는 마음을 갖고, 입시에 대한 하나님의 뜻을 깨닫고 이를 실천하는 통로가 될 수 있기를 바란다.

귀한 연구를 수행해 주신 필진들과 연구소의 동역자들, 그리고 연구에 필요한 재정을 지원해 주시는 여러 후원 단체들에게 깊은 감사를 드리며, 이 땅에 하나님의 교육이 펼쳐질 수 있기를 간절히 소망한다.

목차

Ⅰ. 수월성에 대한 기독교적 재개념화와 대학입시 개혁
1. 서론
2. 교육 수월성에 대한 이해
3. 수월성에 대한 확장된 논의
4. 교육 수월성과 대학입시
5. 결론

Ⅱ. 기독교학교에서의 대학입시에 대한 인식 - 대안학교와 미션스쿨의 비교연구
1. 서론
2. 이론적 배경
3. 연구방법
4. 연구결과
5. 결론 및 논의

Ⅲ. 입시 문제 해결을 위한 기독인 시민운동에 대한 연구
1. 서론
2. 교육시민운동의 현황
3. 기독 교육시민운동의 필요성
4. 입시 문제 해결을 위한 기독 시민운동의 방향과 방법론 모색
5. 결론

Ⅳ. 입시 문제 해결을 위한 한국교회의 역할
1. 서론
2. 한국교회가 입시에 관심을 가져야 하는 이유
3. 한국교회와 입시 문제의 관계에 대한 신학적 성찰
4. 한국교회의 입시 문제 해결 가능성
5. 입시에 대한 한국교회의 인식 : 목회자 대상 설문조사
6. 입시 문제 해결을 위한 한국교회의 과제
7. 결언

12. 쉼이 있는 교육

박상진 외

쉼이있는교육

2020

오늘날 한국의 교육 현실은 마치 브레이크가 고장 난 자동차와 같다. 누가 더 빨리, 더 멀리 갈 수 있는지의 경쟁이 펼쳐지고 있다. 부모이든 학생이든 교사이든 엑셀레이터를 밟기에 여념이 없다. '월화수목금금금'이라는 신조어가 생길 정도로 학생들은 주말도 없이 사교육 시장에 내몰리며 공부를 한다. 공부를 열심히 해서 좋은 성적을 내어야 명문대학교에 갈 수 있고, 그래야 결혼도, 취직도 잘하고 성공하여 대접받으며 살게 된다는 확고한 신념에 기인한 것이다. 이러한 교육현실 속에서는 쉼은 사치스러운 단어이며 경쟁에서 낙오하게 만드는 그 무엇으로 인식되어 왔다. 많은 학생들이 일상 속에서 쉼이 무엇인지, 쉼이 왜 필요한지 알지 못하고, 제대로 쉬어 보지 못한 채 최소한의 수면권, 휴식권 등 삶의 기본적인 인권조차 보장받지 못하고 살아가고 있다. 기독교학교교육연구소에서는 2014년부터 좋은교사운동과 함께 '쉼이있는교육'운동을 진행하며, 이러한 교육의 현실을 알리며 이를 바로 잡으려는 자성과 비판의 목소리를 내어 왔다.

쉼이 있는 교육은 교육의 본질을 회복하는 것을 지향한다. 하나님의 창조질서인 '안식'을 회복하여 행복한 가정을 만들고, 믿음의 다음세대를 지키며, 한국 교육의 체질을 바꾸고, 쉼의 문화를 정착시키는 것을 목적으로 한다. 쉼이 있는 교육은 쉼을 통해 학생들의 행복 실현을 추구하는 교육이다. 본서에서는 오늘날 경쟁 일변도의 삭막하고 척박한 교육 현실 속에서 쉼이 있는 교육을 꽃피우기 위해서는 어떤 방향으로 나아가야 하는지, 실천을 위한 과제는 무엇인지를 여러 저자들이 조명하였다.

첫 번째 연구는 출애굽기 말씀을 근거로 성경 속에 나타난 '쉼'에 대해 알아보는 성서신학적 연구이다. 이 연구를 통하여 안식일 계명은 쉼을 잃어버린 현대 사회에 대해 저항하는 계명이며, 안식이야말로 하나님의 창조사역이자 구원사역임을 드러내고 있다. 두 번째 연구는 학생들의 쉼 현황과 쉼에 대한 인식, 쉼과 학업 스트레스, 삶의 만족도, 자아존중감은 어떤 관계가 있는지에 관한 연구이다. 이 연구를 통하여 학생들의 학업시간 및 여가시간, 쉼에 대한 의식들을 파악할 수 있고, 쉼 프로그램의 개설 및 보급의 필요성을 알 수 있을 것이다. 세 번째 연구는 청소년들의 쉼의 결핍과 그에 따른 쉼의 제도화에 관한 연구이다. 이 연구를 통하여 쉼의 교육적 의미, 쉼의 경험에 따른 변화, 쉼의 제도화의 필요성을 진지하게 깨달을 수 있을 것이다. 네 번째 연구는 피로사회 속에서 쉼과 탁월성을 누리기 위한 교육의 방향에 관한 연구이다. 이 연구를 통해서 오늘날 탁월성 교육의 문제점과 재해석된 여가와 탁월성 교육의 관계, 여가를 위한 교육에 대해 알 수 있을 것이다. 다섯 번째 연구는 쉼이 없는 교육의 현실 속에서 쉼의 의미를 추구하는 교육시민운동을 살펴보는 연구이다. 이 연구를 통해서 쉼이 있는 교육을 향한 기독교 시민운동의 현황을 진단하고 과제가 무엇인지를 파악할 수 있을 것이다.

본서는 오랫동안 교육의 영역에서 학생들의 참된 '안식'의 회복과 쉼이 있는 교육을 고민해 왔던 기독교학교교육연구소가 기획하고 신학, 교육 분야의 전문가들이 연구한 결과물로서, 전문적이고 학술적인 연구를 넘어서 쉼이 없는 교육 현실 속에서 쉼이 있는 교육을 이루어 가기 위한 실천적인 연구를 담고 있다. 이 책을 통해 학생들과 학부모, 교사들이 '학업' 스트레스와 불안, 두려움을 떨쳐버리고, '쉼'을 올바르게 이해하며 이를 실천할 수 있기를 바라며, 나아가 실제적인 쉼의 제도화까지 모색하게 되기를 기대한다. 귀한 글을 써 주신 모든 필자들과 연구와 출판을 위해 수고한 기독교학교교육연구소의 연구원들에게 감사드린다.

목차

1장 쉼에 대한 성경적 의미
    Ⅰ. 들어가는 말
    Ⅱ. 안식일을 절정으로 기획되어 시작된 창조사역
    Ⅲ. 출애굽 구원의 목적도 하나님의 안식참여를 위함이다
    Ⅳ. 연약한 이웃을 해방하는 절기로서의 안식일 축성
    Ⅴ. 안식일 준수가 명령 된 까닭은 인간의 자기 착취적, 이웃 착취적 죄성을 억제하기 위함이다
    Ⅵ. 안식일을 박탈당한 〈멋진 신세계〉의 감마/델타/앱실론 계급을 위한 복음, 안식
    Ⅶ. 나가는 말

2장 한국 청소년의 쉼 실태
    Ⅰ. 들어가는 말
    Ⅱ. 연구방법
    Ⅲ. 연구결과
    Ⅳ. 연구결과 요약
    Ⅴ. 기독교교육적 제언
    Ⅵ. 나가는 말

3장 청소년 쉼을 위한 제도화
    Ⅰ. 들어가는 말 : 왜 쉼을 말하는가?
    Ⅱ. 청소년들의 쉼의 결핍과 제도화의 필요성
    Ⅲ. 쉼의 교육적 의미
    Ⅳ. 청소년들의 쉼 향유 실태
    Ⅴ. 나가는 말 : 제도화를 위한 제언

4장 쉼과 탁월성을 위한 교육
    Ⅰ. 들어가는 말
    Ⅱ. 피로사회에서의 학교교육
    Ⅲ. 한국에서의 탁월성 교육의 문제점
    Ⅳ. 여가와 탁월성을 위한 교육
    Ⅴ. 나가는 말

5장 쉼이 있는 교육을 위한 교육시민운동
    Ⅰ. 들어가는 말 : 쉼이 없는 교육
    Ⅱ. 쉼이 있는 교육이해
    Ⅲ. 쉼이 있는 교육을 위한 기독교교육 생태계
    Ⅳ. 교육시민운동에 대한 기독교적 이해
    Ⅴ. 쉼이 있는 교육을 위한 교육시민운동의 진단과 과제
    Ⅵ. 쉼이 있는 교육을 위한 기독교 교육시민운동의 진단과 과제
    Ⅶ. 나가는 말

13. 기독교학교와 교회

박상진 외

예영커뮤니케이션

2013

기독교학교와 교회는 어떤 관계인가? 우리나라의 경우 기독교학교와 교회는 뗄 수 없는 관계이다. 이 땅에 복음을 전하기 위해 오신 선교사들이 기독교학교를 설립한 것은 선교사 개인의 과업이었다기보다는 선교부와 선교를 지원한 교회의 과업이었다고 할 수 있다. 그 이후 한국교회가 직접 수많은 기독교학교를 설립하였고, 오늘날에도 많은 교회들이 기독교대안학교의 형태로 기독교학교를 설립하고 있다. 교회와 기독교학교의 관계는 설립에만 국한되지 않는다. 많은 경우, 교회가 기독교학교의 강당을 예배 장소로 사용하고 있으며, 교목을 파송하기도 하고, 학생들에게 장학금을 지급하기도 한다. 기독교학교와 교회는 서로를 도우며 상호 신뢰 관계를 맺어 오고 있다.

기독교학교와 교회의 관계는 항상 긍정적인 것만은 아니다. 교회가 기독교학교를 설립하고 운영하는 경우, 교회가 기독교학교에 어떤 영향력을 끼치느냐에 따라 다양한 반응이 나타날 수 있다. 교회가 기독교학교의 교육적 자율성을 존중하지 않고 지나치게 간섭하거나 지배력을 강화하기만 할 때는 갈등이 유발될 수도 있다. 반대로 기독교학교가 교육기관으로서의 독립성과 자율성을 강조한 나머지 교회와의 관계를 멀리할 경우 교회가

기독교학교를 설립할 당시의 건학이념이 희석될 가능성이 있고, 기독교학교가 그 정체성을 상실할 수도 있다. 이런 점에서 기독교학교와 교회, 교회와 기독교학교의 관계를 올바로 정립하는 것은 기독교학교와 교회가 건강하게 성숙해 가기 위한 중요한 과제라고 할 수 있다.

이 책의 목적은 기독교학교와 교회의 바람직한 관계를 다양한 측면에서 심도 있게 고찰함으로써 오늘날 어떤 형태로든 서로 관계를 맺고 있는 기독교학교와 교회 모두에게 한 단계 더 성숙한 연계가 가능하도록 돕기 위한 것이다. 이를 위해 먼저 신학적으로 기독교학교와 교회가 어떤 관계인지를 종교개혁자들의 신학사상에 근거하여 살펴보았다. 그리고 해외의 사례를 분석하였는데, 미국 기독교학교를 중심으로 기독교학교와 교회의 관계를 파악해 보았다. 또한 우리나라에서의 교회와 학교의 연계 현황을 설문조사를 통해 분석하고, 이에 근거한 과제를 제시하였다. 마지막으로는 기독교학교의 조직과 경영에 있어서 교회의 역할이 무엇인지를 살펴보았다. 이 네 가지 주제는 기독교학교와 교회의 관계를 파악하는 네 가지 접근방식이라고 할 수 있다.

귀한 원고를 집필해 주신 모든 분들께 감사를 드리고 수고해 주신 연구원들에게도 고마운 마음을 전한다. 늘 기독교학교교육 분야의 귀한 책을 성의껏 출판해 주시는 예영커뮤니케이션의 김승태 사장님과 직원 여러분께도 감사를 드린다. 이 책이 기독교학교와 교회가 보다 바람직한 관계를 맺는 데 꼭 필요한 도움의 손길이 되기를 기대한다.

목차

1장 종교개혁기의 학교와 국가 그리고 교회의 관계
  Ⅰ. 들어가는 말
  Ⅱ. 중세의 교육제도에 나타난 학교, 교회 그리고 국가의 관계
  Ⅲ. 종교개혁기의 학교, 교회 그리고 국가의 관계
  Ⅳ. 종교개혁기의 학교, 교회, 국가의 관계
  Ⅴ. 나가는 말 : 종교개혁의 '학교, 교회, 국가'의 관계가 오늘에 주는 시사점

2장 기독교학교와 교회의 관계에 대한 고찰 : 미국의 기독교학교를 중심으로
    Ⅰ. 들어가는 말
    Ⅱ. 미국의 기독교학교의 역사
    Ⅲ. 미국의 기독교학교와 교회의 관계
    Ⅳ. 우리나라 기독교학교에 주는 시사점
    Ⅴ. 나가는 말

3장 한국에서의 교회-학교 연계 현황과 과제
    Ⅰ. 들어가는 말
    Ⅱ. 연구의 개요
    Ⅲ. 실태조사 분석
    Ⅳ. 의식조사 분석
    Ⅴ. 나가는 말

4장 기독교학교의 조직과 경영에 있어서 교회의 역할 :
    기독교학교를 설립한 교회를 중심으로
    Ⅰ. 들어가는 말
    Ⅱ. 이론적 배경
    Ⅲ. 기독교학교의 현실에 대한 분석적 검토
    Ⅳ. 연구방법
    Ⅴ. 연구결과
    Ⅳ. 나가는 말 : 교회와 학교의 바람직한 관계

이 책의 목적은 기독교학교와 교회의 바람직한 관계를 다양한 측면에서 심도 있게 고찰함으로써 오늘날 어떤 형태로든 서로 관계를 맺고 있는 기독교학교와 교회 모두에게 한 단계 더 성숙한 연계가 가능하도록 돕기 위한 것이다.

14. 기독교학교의 공공성

박상진 외

예영커뮤니케이션

2014

기독교학교는 개인이나 교회, 단체가 기독교 정신에 입각하여 설립한 학교를 말한다. 공교육 체계 안의 사립학교의 형태를 띠고 있는 소위 미션스쿨과 대안학교나 특성화 학교로 인가 받은 기독교학교, 그리고 미인가 상태로 기독교교육을 감당하고 있는 기독교대안학교들이 모두 넓은 의미의 기독교학교 범주에 포함된다. 이들 학교들은 기본적으로 독특한 설립정신을 강조하며 설립자의 기독교적 교육관의 구현을 학교 존재 의의로 생각하고 있으며, 이러한 건학이념을 구현하기 위한 자율성이야말로 학교의 존립 기반이라고 생각한다.

그렇기 때문에 기독교학교들은 일제 식민지 시기, 총독부의 기독교학교 통제정책은 물론 1974년부터 시행된 고교평준화 정책을 비롯해 기독교학교의 자율성을 제한하는 여러 가지 조치들에 대해서는 기본적으로 항거하고 저항하는 성향을 띠게 된다. 1885년, 우리나라에 처음 기독교학교가 설립된 이래 지금까지의 기독교학교의 역사는 자율성 확보를 위한 저항의 역사였다고 보아도 무방할 것이다.

그런데 과연 기독교학교는 자율성만 강조하면 되는 것인가? 기독교학교는 어떤 공공성을 띠어야 하는가? 기독교학교의 공적 책임은 무엇인가? 최근 공공성에 대한 관심이 높아지면서 기독교학교의 공공성에 대한 다양한 질문이 제기되고 있다. 더욱이 학문에 있어서도 공공성은 중요한 이슈로 대두되고 있으며 신학 분야에서는 공공신학 또는 공적 신학의 등장으로 교회의 공공성이 재조명되고 있는데, 이러한 흐름은 기독교학교의 공공성에 대한 물음을 제기하고 있다. 기독교학교는 설립됨과 동시에 어떤 형태로든 공공성을 띨 수밖에 없고, 공적 책임을 지닐 수밖에 없다. 기독교학교는 두 가지 언어의 합성어인데 '기독교'가 보다 자율성을 강조하는 측면을 갖는다면 '학교'는 보다 공공성을 강조하는 경향이 있다. 기독교 신앙을 전수하기 위해서는 자율성이 요청되고, 그럼에도 불구하고 학교로서 이 사회 속에서 공적 역할을 수행하여야 하는 것이다. 그러나 좀 더 깊이 들여다보면 '기독교'도 개인구원만을 강조하는 것이 아니라 '하나님 나라'를 추구하는 공적 가치를 중요시하고 있다. 그런 의미에서 기독교학교는 기독교인들만 그 정체성과 가치에 공감하는 것이 아니라 일반인들도 공감할 수 있도록 보다 공공성을 강조하고, 또 이를 공적 언어로 설명할 필요가 있다.

이 책은 우리나라에서 기독교학교의 공공성에 관해 본격적으로 논의한 최초의 책이라고 할 수 있으며, 기독교학교의 공공성에 대한 논의의 문을 여는 역할을 하게 될 것이다. 향후 계속해서 기독교학교의 공공성에 대한 토론이 이어지기를 기대한다.

귀한 글을 써 주신 네 분의 필자들에게 깊은 감사를 드린다. 우리나라 사회 속에서 기독교학교가 어떤 역할을 감당해야 할지를 고민하는 모든 분들에게 이 책의 일독을 권한다. 특히 기독교학교에 몸담고 있는 모든 교사, 학부모, 그리고 기독교교육학도들이 이 책을 읽고 서로 진지한 대화를 나눌 수 있기를 바란다. 그래서 우리나라의 기독교학교들이 진정한 의미에서 '기독교적 공공성'을 지니는 학교가 되기를 소망한다.

목차

1장 기독교학교의 공공성에 대한 신학적 논의 : 공공신학적 관점과의 대화
   Ⅰ. 들어가는 말
   Ⅱ. 교육의 공공성과 기독교학교의 공공성
      1. 공공성의 개념과 유형
      2. 교육의 공공성

3. 사립학교로서 기독교학교의 공공성
　Ⅲ. 성서, 신학, 교회사 전통에 나타나는 공공성
　　1. 정의롭고 평등한 공동의 삶 형성 차원
　　2. 현실 개혁적 차원
　　3. 변증적이며 대화적 차원
　Ⅳ. 기독교학교의 공공성에 대한 교육신학적 논의 : 20세기를 중심으로
　　1. 자유주의신학에 기초한 종교교육운동과 공공성 : 코우
　　2. 신종교개혁신학에 기초한 기독교교육운동과 공공성 : 스마트
　　3. 해방신학에 기초한 종교교육운동과 공공성 : 쉬파니
　　4. 복음주의신학에 기초한 기독교교육운동과 공공성 : 리챠즈
　　5. 에큐메니칼신학에 기초한 종교교육운동과 공공성 : 모란
　　6. 네오토미즘적 가톨릭신학에 기초한 종교교육운동과 공공성 : 그룸
　Ⅴ. 오늘날 상황에서 본 기독교학교의 공공성에 대한 신학적 논의
　Ⅵ. 나가는 말

2장 기독교대안학교의 공공성
　Ⅰ. 들어가는 말
　Ⅱ. 기독교적 교육 공공성 이해
　Ⅲ. 기독교대안학교의 교육이념, 교육과정에 나타난 기독교적 공공성
　Ⅳ. 나가는 말 : 요약 및 제언

3장 공교육 안에서 기독교학교의 사명과 공공성
　Ⅰ. 들어가는 말 : 기독교학교의 공공성 논의의 필요성
　Ⅱ. 교육 공공성과 기독교학교의 공공성
　Ⅲ. 공공성을 지향하는 기독교학교교육
　Ⅳ. 기독교학교의 사회적 기여
　Ⅴ. 나가는 말

4장 교육법과 제도에 나타난 기독교학교의 자율성과 공공성
　Ⅰ. 들어가는 말
　Ⅱ. 기독교학교 설립 운영의 기초로서 교육법의 규정
　Ⅲ. 법률에 비추어 본 기독교학교의 공공성과 자율성
　Ⅳ. 외국의 사립학교 현황과 이슈
　Ⅴ. 나가는 말

15. 기독교학교의 미래 전망

박상진 외

예영커뮤니케이션

2015

오늘날 기독교학교는 위기에 직면해 있다. 1885년에 아펜젤러와 언더우드가 선교사로 이 땅에 와서 기독교학교를 시작한 이래 130년 동안 숱한 어려움이 있어 왔지만 오늘의 현실은 그 어떤 시대보다도 기독교학교가 지속적으로 성장하고 본래의 정체성을 구현하기가 쉽지 않은 상황이다. 기독교학교를 '항해하는 선박'에 비유한다면 엄청난 파도에 직면해 있는 것이다. 문제는 파도가 잠잠해지는 것이 아니라 미래에는 더 큰 파도가 몰려 온다는 것이다.

첫째, 우리나라 학령인구의 감소는 교육 전반을 크게 위축시키고 학교의 구조조정을 요청할 것이다. 기독교학교도 예외는 아니다. 일반 학교들도 폐교한 학교가 많지만 기독교학교도 문을 닫는 학교가 속출하고 있다.

둘째, 탈종교화 현상이 종교계 학교를 위축시키고 있다. 최근 한국갤럽이 지난 30년 동안의 종교인구 변동을 조사하여 발표한 '한국인의 종교'에 따르면 전체적으로 종교인구가 감소하고 있고, 특히 30대, 20대로 연령이 낮아지면서 종교인구 비율이 38%, 31%로 감소하고 있는데, 지난 10년 사이에 무려 11%, 14%가 줄어든 수치이다. 개신교의 경우는 반기독교적 정서와 함께 이러한 경향이 심화되고 있으며, 이는 기독교학교의 미래를 어둡게 하고 있다.

셋째, 공교육의 강화로 인한 사립학교의 위축으로 발생하는 영향이다. 이미 무상교육, 무상급식 논쟁에서 알 수 있듯이 교육을 국가의 사명으로 인식하고 모든 교육을 국가가 통제하려는 경향은 갈수록 심화될 것이다. 국가가 교육의 책무성을 인식하는 것은 바람직하지만 사립학교의 존립 기반을 무너뜨리고 국가주도적 교육만을 공교육으로 인정하려는 변화는 향후 기독교학교를 비롯한 사립학교의 자율성을 심각하게 위축시킬 것이다.

넷째, 미래사회의 급격한 변화는 전통적인 학교식 교육에 대한 변화를 요청하고 있다. 수세기 동안 존속되어 온 학교체제와 주입식으로 이루어져 온 수업형태가 그 패러다임이 바뀌지 않는 한 미래세대를 감당할 수 없기 때문이다. 최근 교육계에서 관심을 갖고 받아들이는 '거꾸로 교실'은 그 한 예에 불과하다. 기독교학교가 이런 변화에 적극적으로 대응하지 않으면 '교육지체현상'의 한계를 경험하게 될 것이다.

다섯째, 미래에 대한 예측이나 현실에 대한 분석 없이 무분별하게 기독교학교를 설립하는 소위 무계획성이 갖는 위험이다. 기독교학교의 설립은 중, 장기적으로 계획되고 준비되어야 하며, 전체 지역에 균형 있는 기독교교육이 실천되도록 하는 종합적인 청사진 속에서 이루어져야 하는데 소위 주먹구구식의 접근이 이루어진다면 기독교학교는 혼란을 경험할 수밖에 없을 것이다.

『기독교학교의 미래 전망』은 우리나라 기독교학교에 대한 최초의 미래보고서라고 할 수 있다. 향후 기독교학교가 직면하게 될 위기를 직시하면서 그 위기를 어떻게 극복할 수 있을 것인가를 진지하게 탐구하는 책이다.

'인구통계 전망에 따른 기독교학교의 미래 분석'에서는 구체적인 기독교학교 대상 인구의 변화를 전망하면서 향후 기독교학교가 어떤 전략으로 응전할 것이지를 제시하고 있다. 기독교학교들을 대상으로 한 설문조사 분석은 구체적인 현실진단과 미래계획 수립을 가능케 할 것이다.

'공교육의 변화와 기독교학교의 대응'은 우리나라의 공교육이 향후 어떻게 변화해 갈

것인지를 예측하면서 기독교학교의 방향을 제안하고 있다.

'미국 기독교학교의 전개 과정, 최근 쟁점, 그리고 시사점'은 우리나라보다 먼저 기독교학교의 위기를 경험한 미국의 사례를 분석함으로 한국 기독교학교에 주는 함의를 파악하고 있다.

그리고 '미래 사회가 요구하는 핵심 역량과 기독교학교의 과제'는 역량중심의 교육의 관점에서 미래사회의 요구에 부응하는 기독교학교의 교육이 어떠해야 함을 성찰하고 있다.

귀한 원고를 집필해 주신 한국교육개발원 선임연구원 김창환 박사님, 서강대학교 김재웅 교수님, 우석대학교 강영택 교수님께 깊은 감사를 드리며, 이 책의 편집을 위해서 수고해 준 기독교학교교육연구소의 노현욱 연구원을 비롯한 모든 연구원들에게 고마움을 전한다. 그리고 더 좋은 책이 되도록 정성을 다하는 예영커뮤니케이션 원성삼 사장께도 감사를 드린다. 이 책을 통해 희망이 보이지 않는 것 같은 현실 속에서도 기독교교육의 사명을 감당하는 모든 기독교학교 공동체 구성원들이 미래에 대한 새로운 확신과 소명을 발견할 수 있게 되기를 소망한다.

목차

1장 인구통계 전망에 따른 기독교학교의 미래 분석
  I. 들어가는 말
  II. 인구 추이에 따른 학령별 인구의 변화
  III. 기독교인 인구의 감소 및 기독교학령인구의 감소
  IV. 기독교학교 미래 전망 분석
  V. 종합 논의 : 기독교학교의 미래 전망과 대책
  VI. 나가는 말

2장 공교육의 변화와 기독교학교의 대응
  I. 들어가는 말
  II. 공교육의 역사와 현재
  III. 한국 공교육의 변화와 미래
  IV. 기독교학교의 대응
  V. 나가는 말

3장 미국 기독교학교의 전개 과정, 최근 쟁점 그리고 시사점
    I. 들어가는 말
    II. 숫자로 본 미국의 사립학교와 기독교학교 현황
    III. 미국 공교육제도의 전개과정과 기독교
    IV. 미국 기독교학교의 최근 쟁점
    V. 나가는 말 : 한국 기독교학교에 주는 시사점

4장 미래 사회가 요구하는 핵심 역량과 기독교학교의 과제
    I. 들어가는 말
    II. 역량 기반 교육에 대한 선행 연구
    III. 역량 기반 교육에 대한 기독교적 이해
    IV. 기독교학교에서의 역량 기반 교육
    V. 나가는 말

『기독교학교의 미래 전망』은 우리나라 기독교학교에 대한 최초의 미래보고서라고 할 수 있다. 또한 향후 기독교학교가 직면하게 될 위기를 직시하면서 그 위기를 어떻게 극복할 수 있을 것인가를 진지하게 탐구하는 책이다.

16. 기독교대안학교의 재정

박상진 외

예영커뮤니케이션

2017

오늘날 우리나라에 기독교대안학교가 지속적으로 증가하는 것은 반가운 일이고 희망적인 현상이다. 공교육이 입시 위주 교육의 한계를 지닌 채 다음세대를 쉼이 없는 교육으로 몰아가는 이때에 진정한 교육의 대안을 추구하는 학교들의 등장은 칠흑 같은 어둠 속에 비추이는 빛과 같다. 물론 '기독교대안학교가 정말 기독교적인가? 대안적인가?'의 질문은 여전히 남아 있지만 그래도 건강한 기독교대안학교들이 다양하게 설립되고 있는 것은 역기능보다는 순기능이 많다고 볼 수 있다.

그러나 안타깝게도 기독교대안학교들이 증가하는 가운데에서도 폐교하는 학교들도 늘어나고 있음을 주목할 필요가 있다. 아직 문을 닫는 단계는 아니더라도 운영의 어려움을 호소하는 학교들도 많이 있다. 그 원인은 다름 아닌 기독교대안학교의 재정 문제이다. 기독교대안학교들이 올바른 교육철학과 그에 따른 교육과정을 지니고 기독교사들이 진지하게 교육을 실천하는 것이 중요한데 이를 뒷받침하고 지속적으로 발전하기 위해서는 안정적인 재정이 요청된다.

우리나라의 대안학교들은 대부분 미인가이고 인가를 받은 학교라도 정부의 지원을 제대로 받을 수 없는 구조이기 때문에 재정 상태가 취약한 경우가 많다. 거의 모든 기독교대안학교들이 등록금에 의존할 수밖에 없기 때문에 학생 충원율이 저조하면 그대로 재정 악화로 이어질 뿐 아니라 질 높은 교육을 위한 투자를 할 수 없게 된다. 어떻게 하면 기독교대안학교의 이러한 재정 문제를 해결할 수 있을까? 이러한 질문은 기독교 대안교육의 본질적인 주제는 아니지만 그러한 교육이 가능하도록 하기 위한 가장 중요한 질문 중의 하나이다. 이 책은 바로 이 주제를 다루고 있다. 먼저 기독교대안학교의 재정 실태를 설문조사를 통해 드러내고 있으며, 무엇이 문제인지를 분석하고 있다. 그리고 기독교대안학교가 정부와 자치단체로부터 지원받을 수 있는 방안이 무엇인지를 살피고 있는데, 미국에서 시도되고 있는 교육바우처제도의 도입 가능성을 탐색하고 있다. 또한 해외에서는 어떻게 이 문제를 해결하고 있는지, 특히 네덜란드의 경우를 중심으로 파악하고 있다. 마지막으로 향후 기독교대안학교의 재정 자립을 위해서 어떤 방안이 가능한지를 살피고 있는데 해외와 국내의 사례 분석을 기초로 실제적인 대안을 제시하고 있다.

이 책은 단지 이론적이거나 학술적인 내용만을 담고 있는 것이 아니라 현장의 문제와 씨름하면서 실천적으로 그 대안을 모색하고 있기에 기독교대안학교 현장에 몸담고 있는 교장과 이사진 그리고 교사들에게 도움이 될 것이다. 또한 기독교대안학교를 설립하려고 하는 분들과 자녀를 기독교대안학교에 보내고 있거나 보내려고 하는 학부모들, 그리고 기독교교육에 관심 있는 모든 분들이 기독교대안학교의 현실을 이해하도록 도울 것이다. 귀한 글을 써 주신 교수님들과 출판을 위해 수고하신 기독교학교교육연구소의 모든 연구원들 그리고 기꺼이 출판해 주신 예영커뮤니케이션 원성삼 대표님과 직원들에게 감사를 드린다.

목차

1장 한국 기독교대안학교의 재정 실태 분석
  Ⅰ. 들어가는 말
  Ⅱ. 교육재정의 의미
  Ⅲ. 한국 초기 기독교학교의 쇠퇴 원인 : 재정적인 문제

Ⅳ. 기독교대안학교 재정 실태 분석

　　Ⅴ. 나가는 말

2장 기독교대안학교와 공적 재정 지원

　　Ⅰ. 들어가는 말

　　Ⅱ. 교육바우처 제도의 개념 및 유형

　　Ⅲ. 미국의 교육바우처 제도

　　Ⅳ. 한국의 교육바우처 제도

　　Ⅴ. 나가는 말 : 기독교대안학교에 대한 바우처 제도 실행 가능성 탐색

3장 네덜란드 교육의 재정 정책에 관한 고찰 : 역사적 접근

　　Ⅰ. 들어가는 말

　　Ⅱ. 네덜란드 교육의 재정 정책

　　Ⅲ. 나가는 말

4장 기독교대안학교의 재정 자립을 위한 방안 탐색

　　Ⅰ. 들어가는 말

　　Ⅱ. 기독교대안학교의 재정 실태

　　Ⅲ. (기독교)대안학교의 재정 자립 사례 분석

　　Ⅳ. 기독교대안학교의 재정 자립 방안

　　Ⅴ. 나가는 말

어떻게 하면 기독교대안학교의 이러한 재정 문제를 해결할 수 있을까? 이러한 질문은 기독교 대안교육의 본질적인 주제는 아니지만 그러한 교육이 가능하도록 하기 위한 가장 중요한 질문 중의 하나이다. 이 책은 바로 이 주제를 다루고 있다.

17. 기독교대안학교의
교육성과를 말한다

박상진 외

예영커뮤니케이션

2012

오늘날 한국 기독교교육의 중요한 변화 중의 하나가 많은 기독교대안학교들이 설립되고 있다는 것이다. 기독교학교교육연구소가 2006년에 조사한 결과에 의하면 당시 43개교의 기독교대안학교들이 있었는데, 5년 이후인 현재의 수는 그 두 배를 상회하고 있다. 기독교대안학교를 찾는 부모와 학생들은 다양한 이유로 이들 학교들을 선택한다. 공교육이 지니는 한계를 절감하고 그 대안을 탐색하는 경우, 입시 위주의 교육이 아닌 적성과 은사에 맞는 교육을 찾는 경우, 보다 인격적인 관계 속에서 인성을 함양하는 교육을 받고 싶은 경우, 그리고 기독교 신앙에 근거한 성경적 교육을 바라는 경우 등이다. 이러한 요구들에 부응해서 많은 기독교대안학교들이 설립되었고 기독교적이고 대안적인 건한 이념을 내세우며 교육을 실천해 오고 있다.

그런데 과연 기독교대안학교들이 본래의 취지대로, 그리고 건학 이념대로 교육의 성과를 거두고 있는가? 기독교대안학교들은 대부분 미인가인 경우가 많기 때문에 교육과학기술부나 교육청의 통제를 받고 있지 않고, 이로 인해 어떤 교육 성과를 내고 있는지를 파악하기가 매우 어려운 것이 사실이다. 개별 학교 단위로 많은 교육적 수고를 하고 있지만,

어떤 방향의 교육이 어떤 수준으로 이루어지고 있는지는 분석되지 못하였다.

사실 기독교대안학교의 교육 성과 분석은 몇 가지 점에서 중요한 의미를 지닌다. 첫째는 각 기독교대안학교들이 그동안의 교육적 노력이 어느 정도 효과가 있는지를 판단할 수 있는 근거를 제시하고, 둘째, 학부모와 학생들에게 기독교대안학교들에 대한 심도 있는 정보를 제공할 수 있는 기초가 될 수 있다. 셋째, 기독교대안학교들의 교육적 노력이 올바른 방향으로 나아가고 있는지를 점검하고 그 방향과 전략을 수정, 보완할 수 있는 기회가 될 수 있다. 그리고 한국교회와 교육계에 기독교대안학교의 가능성과 한계성을 보여 줄 수 있는 자료가 될 수 있다.

이런 필요성에 근거해서 기독교학교교육연구소는 2년에 걸쳐서 기독교대안학교의 교육 성과 분석 연구를 수행하였다. 먼저 다양한 기독교대안학교들의 유형을 분류하는 작업을 시도하였다. '기독교대안학교'라는 용어는 너무 광범위한 성격의 학교들을 포함하고 있기 때문에 이를 하위 영역으로 분류하는 작업은 꼭 필요하다. 또한 기독교대안학교들의 성과를 평가할 수 있는 평가 지표를 개발하였다. 그리고 이러한 지표에 근거하여 전국의 기독교대안학교들을 대상으로 설문 조사를 실시하여 교육 성과에 대한 양적 분석을 시도하였다. 그리고 기독교대안학교들의 교육 성과를 보다 심도 있게 파악하기 위하여 질적 연구를 병행하였는데, 기독교대안학교를 졸업한 졸업생들에 대한 면담 조사까지 포함하였다.

이 연구에 참여하여 귀한 글을 써 주신 강영택, 이은실, 조인진 교수님께 감사를 드리고, 연구의 실무를 위해 수고를 아끼지 않은 기독교학교교육연구소의 김지현 연구원을 비롯한 이종철, 성지은, 도혜연 연구원과 모든 연구원들께 감사를 드린다. 기독교교육의 동역자로서 이 책의 출판을 기꺼이 맡아 주신 예영커뮤니케이션의 김승태 사장님께도 깊이 감사드린다. 이 책이 기독교대안학교들의 발전에 귀한 디딤돌이 되며, 기독교교육에 관심을 갖는 모든 기독학부모들과 교사들, 그리고 모든 독자들에게 귀한 도움이 되기를 기도한다.

목차

1장 기독교대안학교의 유형
  I. 들어가는 말
  II. 대안학교 분류
  III. 기독교대안학교의 성격
  IV. 기독교대안학교 유형화의 한 시도
  V. 나가는 말

2장 기독교대안학교 평가 지표
  I. 들어가는 말
  II. 기독교대안학교 교육 성과에 대하여
  III. 기독교대안학교 평가 지표 개발 방법
  IV. 기독교대안학교 평가 지표 개발
  V. 나가는 말

3장 기독교대안학교 유형화와 교육 성과
  I. 들어가는 말
  II. 유형화와 교육 성과 분석 방법
  III. 기독교대안학교 유형 분류와 특징
  IV. 기독교대안학교 영역별 성과 분석
  V. 기독교대안학교 유형별 성과 분석
  VI. 나가는 말

4장 학교 구성원을 통해 본 기독교대안학교 교육 성과
  I. 들어가는말
  II. 학교 구성원 인식 조사 방법
  III. 학교 구성원들을 통해 본 교육 성과
  IV. 나가는 말

5장 졸업생을 통해 본 기독교대안학교 교육 성과
  I. 들어가는 말
  II. 졸업생 인식 조사 방법
  III. 졸업생을 통해 본 교육 성과
  IV. 나가는 말

18. 희망을 심는 교육
   기독교대안학교 가이드

박상진 외

예영커뮤니케이션

2007

최근 기독교대안학교에 대한 관심이 급증하고 있다. 이미 많은 기독교대안학교들이 세워졌고, 지금도 여러 교회와 개인, 단체들이 기독교대안학교들을 설립할 계획을 갖고 있다. 기독교교육 분야에서도 기독교대안학교에 관한 많은 학위논문이 발표되었으며, 기독교교육과 또는 관련학과에 교과목으로 '기독교대안교육'이 개설되기 시작하였다. 뿐만 아니라 기독교대안교육협의회와 기독교대안학교연맹을 비롯한 여러 단체들이 기독교대안학교를 지원하기 위해 출범되었다. 현재의 추세대로라면 향후 기독교대안학교의 설립이 급증할 것으로 예상되며, 이는 현재 왜곡되고 황폐한 교육현실에 대한 기독교적 대안을 제시하는 데 긍정적으로 기여할 것으로 보인다.

그런데 과연 우리나라에 어느 정도의 기독교대안학교가 있고, 그 학교들은 어떤 특징을 지니고 있을까? 이러한 기본적인 질문에 대답하는 것이 쉽지 않다. 왜냐하면 기독교대안학교에 대한 현황 파악이 거의 이루어지고 있지 않기 때문이다. 그러나 기독교대안학교에 대한 정보와 실태를 알고자 하는 목소리는 날로 증가하고 있다. 자녀들을 기독교적으로 교육하고 싶어하는 많은 기독학부모들이 기독교대안학교에 관심을 갖기 시작하고, 자

녀들 스스로도 기독교대안학교를 자신의 학교로 선택하고 싶어한다. 이들에게 기독교대안학교를 소개하는 일이 필요하며, 기독교대안학교에 관심 갖고 있는 많은 교사와 목회자, 그리고 기독교교육학도들에게 기독교대안학교의 현황을 알 수 있도록 돕는 일도 매우 중요하다.

그러나 기독교대안학교의 실태를 정확히 파악하려는 것은 용이하지 않다. 왜냐하면 기독교대안학교는 말 그대로 '대안학교'이기 때문에 대부분 정부의 인가를 받지 못한 상태로 개교하여 국가가 공공단체로 관리하는 것이 아니어서 어느 지역에 어떤 형태로 설립되어 있는지를 파악하기가 어렵기 때문이다. 또한 학교 명칭만으로는 기독교대안학교인지를 분명하게 파악하기 힘든 경우도 있다. 기독교대안학교 안에서 이루어지는 교육의 여러 현상을 파악하는 것도 쉬운 일이 아니다. 대안학교는 매우 다양한 형태로 교육이 이루어지며, 체계적이고 조직적인 문서화가 이루어지지 않은 경우가 많다. 그리고 지속적으로 형성되고 있는 과정이기 때문에, 정형화되지 않고 계속해서 변화하고 있어서 어느 시점에서 파악한 정보를 그 학교의 일반적인 정보로 이해하기도 어려운 실정이다.

이 책은 우리나라의 기독교대안학교 전체를 망라했다고 보기는 어려우며, 기독교대안학교 안에서 이루어지는 모든 내용을 분석한 것도 아니다. 그러나 기독교대안학교에 대한 기본적인 소개와 안내마저 빈곤하기에 용기를 내었고, 차후에 지속적으로 보완할 것을 다짐하며 이 책을 내게 되었다. 이 책이 한국의 기독교대안학교가 더 발전하기 위한 초석이 되기를 바라며, 기독교대안학교에 대해 궁금해하는 많은 학부모들과 학생, 그리고 교사들과 기독교교육자들에게 좋은 길잡이가 되기를 바란다. 그리고 더 많은 사람이 이 땅의 어둡고 고통스러운 교육 현실에 대해서 하나님의 안타까움을 갖고 기독교대안학교를 통한 하나님 나라 운동에 참여하기를 소망한다.

이 책이 나오기까지 수고하신 모든 분들, 특히 대안학교 연구조사를 위해 수고한 기독교학교교육연구소의 류은정 연구원을 비롯한 연구원들과 협조해 주신 기독교대안학교 선생님들께 감사를 드린다.

목차

1장 기독교대안학교 현실보기
1. 기독교대안학교
2. 기독교대안학교 실태 조사
3. 기독교대안학교실태 조사 분석

2장 기독교대안학교 둘러보기
1. 서울
2. 경기
3. 충청
4. 전라
5. 경상

3장 기독교대안학교에 대한 궁금증 풀어보기
궁금증 1 : 기독교대안학교에 대해서 알고 싶어요
궁금증 2 : 기독교학교를 세우고 싶어요
궁금증 3 : 기독교대안학교에 보내고 싶어요
궁금증 4 : 기독교대안학교에서 일하고 싶어요
궁금증 5 : 기독교대안학교에 묻고 싶은 것이 있어요

부록
부록 1. 기독교대안학교 실태조사 설문지
부록 2. 대안학교의 설립·운영에 관한 규정
부록 3. 기독교학교교육연구소 소개

19. 한국 교육의 희망 기독교대안학교 가이드

박상진 외

예영커뮤니케이션

2012

'기독교대안학교', 몇 년 전만 해도 생소한 이름이었는데, 이제는 많은 사람들이 그 존재를 알고 있다. 10여 년 전부터 기독교대안학교가 본격적으로 설립되기 시작하였는데, 최근에 빠른 속도로 확산되고 있다. 교육 본연의 모습을 상실한 공교육에 대한 대안을 모색하되, 기독교적 대안성을 추구하는 기독교대안학교는 기독교교육의 새로운 장이 되고 있다. 기독교교육은 결코 주일 아침에 한 시간 남짓 이루어지는 주일학교 교육만으로는 가능하지 않다. 진정한 기독교교육을 실현할 수 있는 학교, 그리고 입시위주의 왜곡된 교육이 아니라 신앙에 기초한 전인교육을 구현할 수 있는 학교가 바로 기독교대안학교이다.

대부분의 기독교대안학교는 소규모 학교 공동체로서 교사와 학생 간에 인격적인 관계가 형성되어 있다. 기독교적인 교육의지를 지닌 설립자와 기독 교사들이 삶으로 교육하는 학교로서, 신앙과 학업, 예배와 교과가 분리되지 않는 학교이다.

이러한 기독교대안학교가 우리나라에 몇 개교가 있으며, 그 형태는 어떠한가? 교육이념은 무엇이며 교육과정은 어떻게 구성되어 있는가? 어떤 교사들이 교육하고 있으며, 그들은 어떤 대우를 받고 있는가? 등록금은 어느 정도이며 교육환경은 어떠한가? 기독교대안학교에 대해 궁금한 것이 많지만 그 현황을 제대로 파악할 수 있는 자료는 찾기가 쉽지 않다. 대부분의 기독교대안학교들이 미인가 형태로 존재하기 때문에 정부가 그 실태를 파악하고 있지 않다. 특히 기독교대안학교에 자녀를 보내고 싶어하는 부모들은 급증하고 있는데, 기독교대안학교에 대한 정보가 너무 제한되어 있기 때문에 소문이나 지인들의 권유에 근거하여 학교를 선택하는 경우가 많으며, 이로 인해 그 자녀에게 적합한 기독교대안학교에 다니지 못 하는 경우들이 발생하게 된다. 뿐만 아니라 기독교대안학교들도 서로에 대해서 잘 모른 채 개별 학교의 경험에 의존하여 교육을 지속하게 되다 보니 발전에 한계가 있을 수밖에 없다.

　기독교학교교육연구소는 이런 문제를 해결하기 위해 이미 5년 전에 기독교대안학교의 실태를 조사하여 『기독교대안학교 가이드』를 출간한 바 있다. 그 당시에 조사되어 소개된 기독교대안학교 수는 43개교였다. 그런데 지난 5년 사이에 기독교대안학교 수가 두 배 이상 증가하였고, 다양한 형태의 기독교대안학교들이 새롭게 설립되었다. 이에 본 연구소는 다시 전국적인 규모의 실태조사 연구를 진행하였고, 그 결과를 새롭게 책자로 발간하게 된 것이다.

　이 책에는 기독교대안학교의 현황이 상세하게 소개될 뿐 아니라 지난 5년 사이에 어떤 변화가 일어났는지를 비교, 분석하여 설명하고 있다. 또한 개별 기독교대안학교가 어떤 학교인지를 한눈에 알 수 있도록 정리하였다. 더 나아가 기독교대안학교에 대한 궁금증을 풀기 위해 Q & A를 작성하여 수록하였다.

　이 책은 기독교대안학교에 대한 호기심을 갖고 있는 모든 분들, 특히 자녀를 기독교대안학교에 보내기를 원하는 학부모들과 다른 기독교대안학교들이 어떻게 교육하고 있는지를 알기 원하는 기독교사들, 그리고 기독교대안학교를 설립하려고 준비하는 분들, 기독교교육에 관심 있는 기독교교육학도들과 교육학자 및 기독교교육학자들이 꼭 읽어야 할 책이다.

　기독교대안학교 실태조사를 위해 온갖 수고를 아끼지 않은 김지현 팀장과 성지은 연구원을 비롯한 기독교학교교육연구소의 연구원들에게 깊은 감사를 드리며, 이 조사에 협력해 주신 기독교대안학교 관계자 여러분들, 그리고 기꺼이 이 책의 출판을 맡아주신 예영커뮤니케이션의 김승태 사장을 비롯한 직원 여러분들에게도 감사의 마음을 전하며, 이 책이 기독교대안학교가 더 성숙해지는 귀한 디딤돌이 되기를 기대한다.

목차

제1부 기독교대안학교 현실보기
   1. 학교 기초 사항
   2. 학교의 조직 및 운영
   3. 교직원
   4. 학생
   5. 교육과정
   6. 종합

제2부 기독교대안학교 둘러보기
   1. 서울
   2. 인천, 경기
   3. 강원
   4. 충청
   5. 전라
   6. 경상
   7. 제주

제3부 기독교대안학교 Q&A
   부록
   1. 주요 표
   2. 『대안학교 설립 및 운영에 따른 규정』
   3. 대안학교 관련 논문 목록
   4. 2011 기독교대안학교 실태조사 설문지

20. 당신이 기독교대안학교에 대해 알고 싶은 모든 것

박상진 외

부크크

2019

'기독교대안학교'의 현 주소를 확인하기 위해 제1차 실태조사를 한 지가 엊그제 같은데, 벌써 10년이 넘는 세월이 흘렀고, 제3차 실태조사까지 하게 되었다. 2006년에 조사하여 소개한 기독교대안학교 수는 59개교였다. 그런데 그 후 5년 사이에 무려 121개, 이번 2016년 제3차 조사에서는 그 수가 265개로 기독교대안학교 수가 5년마다 두 배 이상 증가하였고, 다양한 형태의 기독교대안학교들이 새롭게 설립되었다. 이제는 많은 사람들이 '기독교대안학교'에 대해서 알게 되었고, 관심을 갖게 되었다.

그러나 여전히 대부분의 기독교대안학교들이 미인가 형태로 존재하기 때문에 정부가 그 실태를 파악하고 있지 않다. 특히 기독교대안학교에 자녀를 보내고 싶어하는 학부모들이나 기독교대안학교에 교사로 일하고 싶어하는 예비교사들, 그리고 연구자들이나 정책결정자들도 기독교대안학교에 대한 정확한 통계나 정보가 너무 제한되어 있어 알기 어려운 실정이다. 그래서 대부분 소문이나 지인들의 권유에 근거하여 학교를 선택하는 경우가 많으며, 이로 인해 자녀에게 적합한 기독교대안학교를 찾지 못하는 경우들이 발생하게 된다. 뿐만 아니라 기독교대안학교들도 서로에 대해서 잘 모른 채 개별 학교의 경험에 의존하여 교육을 지속하게 되다 보니 발전에 한계가 있을 수밖에 없다.

기독교학교교육연구소는 이런 문제를 해결하기 위해 이미 2006년, 2011년에 기독교대안학교의 실태를 조사하고 그 결과를『기독교대안학교 가이드』로 출간하였다. 2016년 제3차 기독교대안학교 실태조사 결과를 바탕으로 엮어 낸 이 책에는, 최신 기독교대안학교의 현황이 상세하게 소개될 뿐 아니라 지난 두 차례의 조사내용과 비교하여 어떤 변화가 일어났는지를 분석하여 설명하고 있다. 또한 개별 기독교대안학교가 어떤 학교인지를 한눈에 알 수 있도록 정리하였다. 더 나아가 이번 책에서는 기독교대안학교에 대해 궁금해 하는 질문들에 응답하는 방식으로 책을 구성하였다.

이 책은 기독교대안학교에 대한 호기심을 갖고 있는 모든 분들, 특히 자녀를 기독교대안학교에 보내기를 원하는 학부모들과 다른 기독교대안학교들이 어떻게 교육하고 있는지를 알기 원하는 기독교사들, 그리고 기독교대안학교를 설립하려고 준비하는 개인 또는 교회, 기독교교육에 관심 있는 기독교교육학도들과 교육학자 및 기독교교육학자들이 꼭 읽어야 할 책이다. 기독교대안학교 실태조사를 위해 온갖 수고를 아끼지 않은 기독교학교교육연구소의 강지혜 연구원을 비롯한 연구원들에게 깊은 감사를 드리며, 이 조사에 협력해 주신 기독교대안학교 관계자 여러분들에게도 감사의 마음을 전하며, 이 책이 기독교대안학교가 더 성숙해지는 귀한 디딤돌이 되기를 기대한다.

| 목차

1부 기독교대안학교 살펴보기
  1. 학교 기초 사항 / 2. 학교의 조직 및 운영 / 3. 교직원 / 4. 학생 및 시설 /
  5. 교육과정
2부 기독교대안학교 내다보기
  1. 한국 기독교대안학교가 직면한 상황 / 2. 기독교대안학교의 과제 모형
3부 기독교대안학교 둘러보기
  1. 서울 / 2. 경기 / 3. 강원 / 4. 충청 / 5. 전라 / 6. 경상 / 7. 제주

21. 기독교대안학교의 미래를 고민하다

박상진 외

쉼이있는교육

2022

'기독교대안학교'의 현주소를 확인하기 위해 제1차 실태조사(2006년 조사 후, 2007년 발표)를 한 지가 엊그제 같은데, 어느새 제4차 실태조사(2021년 조사, 발표)를 발표하게 되었다. 지난 3차 조사까지 기독교대안학교의 수는 5년마다 두 배 이상씩 증가해 왔고, 이번 4차 조사에서도 그 증가 폭은 다소 완만해졌지만 지속적으로 학교 수가 증가하여, 43개였던 학교 수가 313개가 되었다. 그러는 동안 이제는 많은 이들이 '기독교대안학교'에 대해서 알게 되었고, 관심을 갖게 되었다.

2020년 12월 국회에서 '대안교육기관에 관한 법률'(대안학교 등록제)이 통과되어, 1년의 시행령 제정 연구 기간을 거쳐, 2022년부터 대안교육기관 등록이 시작되지만, 아직까지는 대부분의 기독교대안학교들이 미인가 형태로 존재하기 때문에 정부가 그 실태를 파악하는 데는 한계가 있다. 특히 기독교대안학교에 자녀를 보내고 싶어하는 학부모들이나 기독교대안학교에서 교사로 일하고 싶어하는 예비교사들, 그리고 연구자들이나 정책 결정자들도 기독교대안학교에 대한 정확한 통계나 정보가 너무 제한되어 있어서 알기 어려운 실정이다. 5년마다 나오는 이 실태조사 연구는 그나마 기독교대안학교의 현실을 꾸준하게 보고하는 공적 자료로서의 역할을 하고 있다.

　　기독교학교교육연구소는 2006년, 2011년에 조사한 1차, 2차 실태조사는 그 결과를 각각 『기독교대안학교 가이드』로 출간하였고, 2016년 제3차 기독교대안학교 실태조사 결과는 기독교대안학교에 대해 궁금해 하는 이들의 질문에 응답하는 방식으로 편집하여, 『당신이 기독교대안학교에 대해 알고 싶은 모든 것』이라는 제목으로 출간되었다. 그리고 이번 제4차 실태조사 연구는 대안교육기관 등록제 도입 이후 상당한 변화를 겪게 될 기독교대안학교의 미래를 고민하는 형식으로 구성하였다.

　　이 책은 기독교대안학교에 대한 호기심을 갖고 있는 모든 분들, 특히 자녀를 기독교대안학교에 보내기를 원하는 학부모들과 다른 기독교대안학교들이 어떻게 교육하고 있는지를 알기 원하는 기독교사들, 그리고 기독교대안학교를 설립하려고 준비하는 개인 또는 교회, 기독교교육에 관심 있는 기독교교육학도들과 교육학자 및 기독교교육학자들이 꼭 읽어야 할 책이다. 기독교대안학교 실태조사를 위해 수고를 아끼지 않은 기독교학교교육연구소 이종철, 강지혜 연구원에게 감사를 드리며, 이 조사에 협력해 주신 기독교대안학교 관계자 분들께도 깊은 감사의 마음을 전한다. 부디 이 책이 기독교대안학교의 성숙과 발전에 귀한 디딤돌이 되기를 기대한다.

목차

1부 기독교대안학교 살펴보기
　제4차 기독교대안학교 실태조사 결과
　'대안교육기관에 관한 법률'에 대한 인식 조사

2부 기독교대안학교 내다보기
　기독교대안학교의 미래 전망
　'대안교육기관에 관한 법률' 제정의 의미와 향후 과제
　함께 만들어 가야 할 대안교육의 미래

부록
　기독교대안학교 실태조사 설문지 / 대안교육기관에 관한 법률, 시행령

22. 왜 기독교학교인가?

박상진 외

한국기독교교육학회

2014

추천사

『왜 기독교학교인가?』, 정말 오랜 기간 동안 기다려 온 책이다. '기독교학교교육'과 관련된 책이 전혀 없는 것은 아니지만 한국기독교교육학회가 공식적으로 발간하는 도서로서는 이 분야의 첫 책이라고 할 수 있다. 기독교교육학의 여러 영역 중 학교교육의 영역은 교회교육, 가정교육의 영역과 더불어 기독교교육의 핵심 영역이라고 할 수 있다. 학생들이 많은 시간을 보내는 학교에서 이루어지는 교육이 기독교적 가치관에 근거하여 이루어질 수 있다면 그들을 위한 기독교교육은 보다 견고해질 수 있을 것이다. 특히 우리나라의 근대교육은 기독교학교로부터 시작되었고, 오늘날에도 기독교학교는 한국 교육에 있어서 차지하는 비중이 크기 때문에 이 영역이 중요하다.

최근에는 기독교대안학교의 등장으로 인해서 기독교학교교육에 대한 관심은 더 심대해지고 있다. 이러한 때에 이 책이 출판됨으로써 기독교학교교육의 과거를 돌아보며, 현재를 직시하고, 미래의 방향을 새롭게 설정할 수 있게 된 것은 매우 뜻깊은 일이라고 할 수 있다.

이 책은 몇 가지 놀라운 특징을 지니고 있다.

첫째는, 기독교학교교육 분야의 이론과 실천이 망라되어 있다는 점이다. 기독교학교 교육에 대한 철학적, 역사적, 교육학적, 종교교육학적 분석들이 집대성되어 있고, 동시에 기독교학교 현장의 이야기들이 소상하게 소개되어 있어서, 이론과 현장의 대화가 이루어 지고 있다.

둘째는, 기독교학교교육의 다양한 측면들이 조명되고 있다는 점이다. 한국과 서양의 기독교학교 역사, 학교 종교교육의 성격, 학교 종교교육과정과 종교수업, 기독교대안학교 등이 심도 있게 분석되고 있다.

셋째는, 다양한 학문적 배경과 시각을 지닌 학자들의 글이 공동체적으로 엮어지고 있다는 점이다. 기독교교육학 안에서도 세부 전공이 다른 학자들이 각각의 관점으로 학교교육을 조망함으로써 훨씬 풍성한 이해를 가능하게 하고 있다.

이 책이 출판되기까지는 송순재 교수님의 헌신적인 수고가 있었다. 오래 전부터 학교교육 분야에 대한 학문적 관심을 갖고 연구해 오셨으며, 한국의 학교교육을 기독교적 관점에서 개혁하려는 실천적인 노력도 지속해 오셨다. 기독교학교의 갱신은 물론 입시위주의 왜곡된 공교육에 대한 대안을 모색하는 대안교육운동에도 앞장서서 활동해 오셨다. 기독교학교교육의 이론과 실천 양 분야에서 중추적인 역할을 감당하신 송 교수님이시기에 다양한 분야의 필진들을 초대하여 공동의 저술이 가능하도록 하였을 것이다.

이 책을 기획하고 원고를 청탁하고 수합하여 책을 엮으신 송 교수님께 깊은 감사를 드리고, 귀한 옥고를 써 주신 오인탁 교수님을 비롯한 모든 필진들과 출판을 위해 온갖 수고를 아끼지 않으신 기독한교의 김봉익 목사님께 마음으로부터의 감사를 드린다. 이 책이 한국 기독교학교교육이 하나님이 원하시는 교육으로 새롭게 변화되는 데에 귀하게 공헌할 수 있기를 바라며, 많은 기독교교육학도들에게 읽혀지게 되기를 기대한다.

| 목차

한국 기독교대안학교의 진단과 과제
   1. 들어가는 말 2. 기독교대안학교의 정체성 3. 기독교대안학교 유형
   4. 한국 기독교대안학교의 향후 과제 5. 나가는 말

23. 기독교교육사

박상진 외

한국기독교교육학회

2008

목차

제1장 구약시대의 교육
제2장 신약시대의 기독교교육
제3장 교부시대의 기독교교육
제4장 중세시대의 기독교교육
제5장 종교개혁시대의 기독교교육
제6장 바로크시대의 기독교교육(17세기)
제7장 계몽주의시대의 기독교교육
제8장 20세기의 기독교교육
제9장 현대의 기독교교육
제10장 한국의 기독교교육
제11장 여성 기독교교육사

24. 다음세대를 책임지는 기독교사

박상진 외

기독교사연합 / IVP

1999

목차

기독 교사의 정체성
　-기독 교사, 그 부르심의 의미

25. 문서 선교사 웨슬리 웬트워스

박상진 외

IVP

2015

목차

웨슬리 선교사와 한국 기독교교육 운동
  웨슬리의 교육방법론
  교육에 대한 기독교적 접근
  교육에서의 하나님 나라 운동
  기독교교육 분야의 중요한 책들
  후학들에게 드리는 조언
  기독교교육 분야의 추천 도서

26. 21세기 한국 교회교육의 과제와 전망

박상진 외

장로회신학대학교기독교교육연구원

2008

목차

한국 교회 기독교대안학교에 대한 진단과 전망
  1. 한국 기독교대안학교의 현실 진단
  2. 기독교대안학교의 정체성 진단
  3. 기독교대안학교의 정체성 비판
  4. 기독교대안학교의 정체성과 대안성
  5. 기독교대안학교의 대안성 탐구
  6. 기독교대안학교의 다양성과 정체성
  7. 한국 기독교대안학교의 전망

27. 복음으로, 교회를 새롭게 세상을 이롭게

박상진 외

한국장로교출판사

2021

총회 106회기 교육주제는 "복음으로, 교회를 새롭게 세상을 이롭게"이다. 짧은 주제이지만 이 속에 성경의 메시지가 모두 함축되어 있으며, 기독교 영향력의 범위도 망라되어 있다. 그 가장 핵심은 복음이다. 성경은 복음의 책이며, 성경을 한마디로 요약한다면 복음이다.

'하나님의 아들 예수 그리스도의 삶과 십자가 죽음, 그리고 부활'의 복음은 인간을 죄로부터 구원하여 영생에 이르게 한다. 또한 죽음의 권세로부터 인간을 해방시켜 생명의 복을 누리게 한다.

주제성구인 신명기 16:1은 하나님을 '유월절의 하나님, 우리를 애굽에서 인도하여 내신 출애굽의 하나님'으로 선포한다. "아빕월을 지켜 네 하나님 여호와께 유월절을 행하라 이는 아빕월에 네 하나님 여호와께서 밤에 너를 애굽에서 인도하여 내셨음이라"

복음은 인간의 삶을 복음 이전의 삶과 복음 이후의 삶으로 구분하게 한다. 복음은 인생을 거듭나게 하고, 새롭게 태어나게 하고, 진정한 생명의 삶을 누리게 한다. 복음 이후의 삶을 사는 그리스도인들은 복음이 우리를 찾아온 날을 기억하고 있다. 그 감격과 그 기쁨과 그 환희를 잊을 수 없을 것이다. 그 복음으로 충만한 삶을 지속하지 못하기 때문에 때로는 복음 이전의 삶을 사는 것 같은 때가 있지만 하나님은 우리를 성령으로 새롭게 하셔서 복음 이후의 삶을 살게 하신다.

복음은 한 인간만의 복음 이전과 이후로 구분하게 하는 것이 아니라 사회와 역사도 복음 이전과 이후로 구분하게 한다. 한 종족이나 국가, 사회에 복음이 들어가면 그 전과는 전혀 다른 현상을 경험하게 된다. 복음이 들어가는 사회마다 어둠의 땅이 밝아지기 시작했다. 업신여김을 당하던 여성과 아이들이 권리를 회복하고, 노예제도나 노비문화, 축첩제도도 사라지게 되었으며, 그동안 소외를 당했던 가난한 사람, 장애인, 이주노동자, 난민자들도 존중받는 사회로 탈바꿈하게 되었다.

복음은 다름 아닌 하나님의 다스림이 이루어지는 곳, 하나님의 통치가 이루어지는 곳이며, 그곳에는 공의와 평화가 넘쳐나게 된다. 예수님이 이 땅에 오셔서 선포하신 것이 바로 하나님 나라의 복음이다.

또 다른 주제성구인 마가복음 1:15 "이르시되 때가 찼고 하나님의 나라가 가까이 왔으니 회개하고 복음을 믿으라 하시더라"라는 말씀처럼 예수님은 우리를 하나님 나라로 초대하신다. 복음이 만드는 세상이 바로 하나님의 나라이며, 우리가 궁극적으로 추구해야 할 비전도 바로 이 하나님의 나라이다.

이 복음이 교육을 만나게 될 때 이루어지는 교육이 바로 기독교교육이다. 기독교교육은 다른 것이 아니다. 복음이 교육을 만나고, 교육이 복음을 만나는 것이다. 복음은 교육도 두 종류의 교육으로 구분하게 한다. 복음 이전의 교육과 복음 이후의 교육이다. 복음을 만나기 전의 교육은 아무리 그럴싸해 보여도 그것은 죽음의 교육이다. 사람을 살리는 것이 아니라 억압하며 서로 다투고 싸우게 하는 교육이다. 그러나 복음을 만난 이후의 교육은 아무리 초라해 보여도 그것은 생명의 교육이다. 누군가로부터 존중을 받으며 다른 사람을 귀히 여기고, 서로 사랑하며, 섬기는 교육이다.

이 복음이 학교교육을 만나면 어떤 변화가 일어날까? 오늘날 우리나라 학교교육의 문제는 복음을 만나기 이전의 교육이라는 데 심각한 문제가 있다. 이 시대, 우리나라의 학교교육의 가장 큰 과제는 복음을 만나는 것이다. 복음으로 가득한 학교가 될 수 있다면 온갖 왜곡으로 가득 차 있고 수많은 학생들을 죽음으로 몰아가는 이 땅의 교육이 진정으로 변화될 수 있을 것이다.

> 목차
>
> **청년들로 하여금 '거룩한 교회, 민족의 희망'이 되도록 하는 교회교육**
> 1. 들어가는 말 : 복음과 교육
> 2. 복음을 잃어버린 학교 현장
> 3. 입시위주 교육을 변혁하는 복음의 능력
> 4. 복음을 만난 학교교육의 변화

복음은 인간의 삶을 복음 이전의 삶과 복음 이후의 삶으로 구분하게 한다. 복음은 인생을 거듭나게 하고, 새롭게 태어나게 하고, 진정한 생명의 삶을 누리게 한다. 이 복음이 교육을 만나게 될 때 이루어지는 교육이 바로 기독교교육이다. 기독교교육은 다른 것이 아니다. 복음이 교육을 만나고, 교육이 복음을 만나는 것이다.

28. 미래 세대에 생명력을 불어넣는 기독교교육

박상진 외

장로회신학대학교 기독교교육연구원

2014

목차

미래세대를 위한 교육에서 꼭 해결해야 할 과제, 학교폭력
1. 들어가는 말
2. 학교폭력 문제에 교회가 관심을 가져야 하는 이유
    하나님의 형상 / 그리스도인은 화평케 하는 자 / 전인에 대한 관심 / 고통에 대한 긍휼 / 하나님 나라
3. 교회학교 학생들의 학교폭력 실태 및 인식조사
4. 학교폭력 문제 해결을 위한 한국교회의 역할
    교회 차원에서의 과제 / 교회학교 차원에서의 과제 / 총회 차원에서의 과제
5. 나가는 말

29. 이슈 & 미래

박상진 외

미래목회포럼 / 예영커뮤니케이션

2015

기독교학교(미션스쿨)의 진단과 과제

우리나라의 기독교학교는 선교사들에 의해 세워진 미션스쿨로부터 시작되었다. 1885년부터 미국 북장로교회의 언더우드, 미국 북감리교회 아펜젤러와 스크랜튼 등이 선교를 위해 경신, 배제, 이화학당 등의 기독교학교를 설립하였다. 한국 교회의 역사는 미션스쿨로부터 시작되었고, 한국의 근대교육도 이로 인해 출발될 수 있었다.

미션스쿨은 일제 강점기를 보내면서 많은 억압과 핍박을 받았지만 그 시련을 견디어 내었고 기독교교육의 건학 이념을 유지해 왔다. 현재 초등학교 11개교, 중학교 131개교, 고등학교 181개교로써 총 323개교의 미션스쿨이 존립하고 있다.

그런데 1974년 고교평준화 이후부터 미션스쿨로서의 기독교학교가 그 정체성의 위기를 겪기 시작한다. 당시 정부가 사립학교를 포함한 모든 학교를 평준화 정책의 대상으로 삼아 학생들을 배정하게 되었고, 이로부터 미션스쿨은 기독교 사립학교로서의 정체성보다는 준공립학교로서의 성격을 지니게 되었다. 학생을 선발할 수 있는 자유가 박탈되고, 교육과정을 편성할 수 있는 자율성이 없어지고, 등록금을 책정할 수 있는 자율성이 사라진 것이다. 이때부터 지속적으로 정부로부터 예배나 신앙교육을 금지하는 지시를 받게 되었고, 종교과목은 교양과목의 선택과목으로 개설될 수 있지만 그나마도 종교학을 그 내용으로 해야 하고 복수로 개설하여 학생들이 선택할 수 있도록 규정하고 있다. 이러한 현실 속에서 기존의 기독교학교의 성격을 유지하려는 학교와 소수이지만 이를 거부하는 학생들 사이의 갈등이 일어나게 되었고, 그 대표적인 사례가 대광고의 소위 '강의석 군 사건'이라고 할 수 있다. 오늘날 미션스쿨로서의 기독교학교는 건학이념은 아직도 기독교적 성격을 지니고 있고, 교목이 있고 종교수업이 있지만 이러한 제약으로 인해 학원선교나 기독교교육을 제대로 실천할 수 없는 한계성을 지니고 있다.

| 목차

기독교학교(미션스쿨)의 진단과 과제
    기독교학교의 위기 진단
    기독교학교의 향후 과제

교육의 영역에서 하나님 나라를 확장하는 것,
그것이 바로 내가 꿈꾸는
기독교학교교육의 목적이요, 비전이다.

III. 기독교교육과정의 여정

30. 기독교교육과정 탐구   31. 기독교 교육과정의 새로운 패러다임   32. 교회교육 현장론   33. 다음세대를 위한 기독교교육 생태계   34. 기독교 교육복지 이론과 실천   35. GPL 커리큘럼: BUILD UP   36. 기독교 교육과정론   37. 기독교교육개론   38. 대한예수교장로회 총회 교회교육백서   39. 해피투게더 : 기본지침서   40. 주5일 근무시대, 우리는 교회로 간다   41. 목회매뉴얼(교육목회)   42. 포스트모던 시대의 기독교교육   43. 기독교교육의 새 모델들   44. 새신자목회   45. 현대교회와 교육   46. 21세기 기독교교육의 과제와 전망   47. 교회 전(全) 사역의 교육적 접근에 관한 통전적 연구   48. 기독교교육에 생기를 불어넣는 일곱 주제   49. 다음세대 신학과 목회   50. 다음세대에 생명을 불어넣는 기독교교육   51. 다음세대에 생명을   52. 하나님의 나라와 문화   53. 하나님의 나라와 경건   54. 하나님의 나라와 회개하는 신앙공동체   55. 하나님의 나라와 다음세대 부흥   56. 사랑으로 섬기는 교회   57. 하나님을 기쁘시게 하는 삶   58. 교회와 함께 가는 다음세대   59. 그리스도인, 복음으로 사는 사람   60. 주님, 우리로 화해하게 하소서!   61. 다시 거룩한 교회로   62. 거룩한 교회, 다시 세상 속으로   63. 영적 부흥으로 민족의 동반자 되게 하소서   64. 청년사역자 핸드북   65. 기독교 커뮤니케이션   66. 한국교회 성경공부의 진단과 개선방안   67. 한경직 목사의 사상과 사역   68. Building Communities of Reconciliation Volume I : Reflections on the Life and Teaching of Rev. Kyung-Chik Han(2012)   69. 청년 양육   70. 주의 말씀은 내 발의 등이요   71. 기독교 문화, 소통과 변혁을 향하여

30. 기독교교육과정 탐구

박상진 저

장로회신학대학교출판부

2004

책을 낸다는 것은 부족함을 드러내는 것이다. 그러나 부족함은 감추고 있기보다는 드러냄으로 보완되고 보충될 수 있을 것이라 생각하며 책으로 출간하게 되었다. 이 책은 기독교 교육과정 분야의 전공서적으로 분류될 수 있지만, 기독교교육이 무엇인지를 탐구하려는 모든 사람에게 대화의 상대가 될 수 있을 것이다.

이 책은 기독교교육의 중심 관심으로서 '신앙'을 탐구하고 있고, 신앙이 다름 아닌 '하나님 알기'라는 점에서 기독교교육 인식론을 탐구하고 있다.

그리고 이러한 인식론에 근거한 기독교 교육과정은 어떤 모습이어야 하는가를 그려내고 있는데, 그것을 '성육신적 교육과정'으로 이름 붙이고 있다. 이 책에는 교육학으로부터 시작해서, 신학과 기독교교육학에 이르는 필자의 '기독교 교육학 탐구'라는 삶의 여정이 스며들어 있다. 그리고 이 책은 기독교교육 이론 연구와 교회 및 연구소 사역, 기독 교사 운동 등 현장 경험 사이의 대화의 산물이기도 하다. 기독교 교육과정은 어떤 다른 분야보다 이론과 현장의 가교(架橋)로서의 역할을 감당하고 있는데, 이것이 필자가 이 분야를 전공하고 이 책을 쓰게 된 동기라고 할 수 있다. 실천이 없는 기독교교육학과 이론적인 토대가 없는 실천을 통해서는 생명력 있는 변화를 기대할 수 없다.

이 책의 제1부에서는 기독교 교육의 중심 관심이 신앙임을 밝히고, 개혁 신학에서의 신앙 이해를 '하나님 알기'로 파악하고, 이 앎의 특성이 무엇인지를 탐구하고 있다. 제2부에서는 이러한 신앙을 추구하는 기독교 교육과정의 인식론적 기초를 모색하고 있는데, 전통적인 서구 근대 인식론을 비판하고 그 대안으로 새로운 인식론의 기독교교육에의 적용 가능성을 탐구하고 있다. 제3부에서는 새로운 인식론에 근거한 기독교 교육과정 모델로서 성육신적 교육과정 모델을 탐구하고 있는데, 이 탐구에서는 전통적인 기독교 교육과정을 비판하고 '하나님 알기'를 통한 삶의 중심적인 변화를 가능케 하는 성육신적 교육과정의 실제까지를 다루고 있다.

필자가 이 책을 쓰기까지는 많은 분들의 도움이 있었음을 고백한다. 사람 사랑하는 법을 몸으로 가르쳐 주시고 교육의 길을 가도록 격려해 주신 부모님, 충성스러운 목회자의 본을 보여 주신 목사님들, 대학과 대학원에서 교육학을 가르쳐 주신 교수님들, 그리고 신학대학원과 대학원에서 신학과 기독교교육학을 가르쳐 주시고 지금도 교수됨의 본을 보여 주시는 장로회신학대학교의 교수님들, 특히 기독교교육 과정 분야로 인도해 주신 고용수 총장님, 학문의 길을 가도록 이끌어 주신 사미자 교수님, 유학을 격려해 주신 임창복 교수님, 그리고 필자의 박사 학위 논문 지도 교수님 파멜라 미첼 렉(Dr. Pamela Mitchell Legg)을 비롯한 미국 유니온신학교 및 장로교기독교교육대학원의 교수님들께 깊은 감사를 드린다. 그리고 언제나 좋은 대화의 파트너로서 함께 기독교교육 여정을 동행하는 아내와 늘 새롭게 자신을 돌아보도록 신선한 자극을 주는 딸 예정에게 감사의 마음을 전한다.

목차

제1부 기독교교육과정의 중심 관심으로서 신앙 탐구

    1장 기독교교육의 중심 관심 : 신앙

    2장 개혁 신학의 신앙 이해

    3장 '하나님 알기'에서 앎의 특성

제2부 기독교 교육과정의 기초로서 인식론 탐구

    -서구 근대 인식론으로부터 새로운 인식론으로의 전환

    4장 기독교 교육과정을 위한 새로운 인식론

    5장 새로운 인식론의 영향을 받은 20세기 기독교교육 이론들

제3부 새로운 인식론에 근거한 기독교교육 커리큘럼 모델 탐구

    -성육신 커리큘럼 모델

    6장 전통적 서구 근대 인식론에 근거한 전통적 커리큘럼 비판

    7장 새로운 교육 커리큘럼 모델을 위한 핵심 개념 : 성육신적 상상

    8장 새로운 기독교교육 커리큘럼의 실제 : 성육신 커리큘럼 모델

이 책은 기독교교육의 중심 관심으로서 '신앙'을 탐구하고 있고, 신앙이 다름 아닌 '하나님 알기'라는 점에서 기독교교육 인식론을 탐구하고 있다. 그리고 이러한 인식론에 근거한 기독교 교육과정은 어떤 모습이어야 하는가를 그려내고 있는데, 그것을 '성육신적 교육과정'으로 이름 붙이고 있다.

31. 기독교 교육과정의 새로운 패러다임

박상진 저

장로회신학대학교출판부

2017

한국의 기독교교육은 위기에 처해 있다. 한국교회는 다음세대에게 신앙을 계승하는 교회교육에 실패하고 있으며, 기독교학교는 건학 이념대로 기독교교육을 실천하지 못한 채 입시 위주의 교육을 벗어나지 못하고 있다. 기독교 가정은 더 이상 기독교교육의 터전이 되고 있지 못하며, 아동과 청소년을 둘러싼 세속 사회의 환경은 기독교적 영향력을 주지 못하고 있다.

'무기력한 기독교교육', '생명을 잃어버린 기독교교육', '앎과 삶이 분리된 기독교교육'으로 전락하고 있다. 이러한 기독교교육 위기의 한복판에 기독교 교육과정의 위기가 있다. 교회교육에 있어서는 주일학교라고 불리는 전통적인 교육과정의 한계가 드러나고 있고, 학교교육에 있어서는 입시 위주의 교육과정, 지식 위주의 주지주의 교육과정의 문제가 자리 잡고 있다. 소위 학교식 교육과정의 패러다임(schooling paradigm)에 갇힌 나머지 기독교교육의 역동성을 잃어버리고 다음 세대 신앙의 대 잇기에 실패하고 있는 것이다.

오늘날 한국의 기독교교육은 새로운 패러다임의 기독교 교육과정을 요청하고 있다. 전통적인 기독교 교육과정이 더 이상 기능하지 못하고 있지만 새로운 기독교 교육과정이 출현하지 않은 과도기에 가장 필요한 것은 상상력과 창의력이다. 다시금 '왜'라는 질문을 던지며 기독교교육의 본질을 회복하는 기독교 교육과정의 새로운 탐구가 필요하다.

마치 깊은 우물에서 물을 긷듯이 성경에 계시되어 있지만 우리가 잃어버리고 있는 하나님의 교육 원리를 다시 찾되, 이것으로 변화하는 시대에 응전해야 한다. 오늘날 다음 세대는 포스트모던 시대, 디지털 시대, 멀티미디어 커뮤니케이션 시대를 살아가고 있는데, 기독교 교육과정은 여전히 모던적, 아날로그식, 인쇄활자 중심의 교육과정을 극복하지 못하기 때문에 복음이 제대로 소통되지 못하고, 이로 인해 다음 세대가 기독교를 등지고 있고 교회를 떠나고 있다.

이 책은 기독교 교육과정의 새로운 패러다임을 모색하는 내용을 담고 있다. 필자가 저술한 책 『기독교 교육과정 탐구』 발간 이후에 기독교교육 현장에서 가르치고 사역하면서 깨달은 내용들이 기술되어 있다. 제1부에는 새롭게 변화하는 시대에 응전하면서도 복음의 본질을 잃지 않는 기독교 교육과정이 어떤 모습이어야 하는지를 탐구하고 있다. 제2부에서는 교회와 가정, 학교를 연계하는 통전적 기독교 교육과정을 제안하며, 특히 기독교교육 생태계의 회복이라는 차원에서 교회교육의 대안적 교육과정을 제시하고 있다. 제3부에서는 새로운 기독교 교육과정에 근거한 기독교적 수업이 어떠해야 할지를 실제적인 모델로 제안하고 있다. 제4부에서는 한국 기독교교육의 미래를 전망하면서 향후 기독교교육이 어떤 방향으로 나아가야 할지를 기독교 교육과정, 기독교교육학과, 기독교교육학회의 영역에서 조망하고 있다.

이 책은 기독교 교육과정에 대한 학문적, 이론적, 접근만을 다룬 것이 아니라 필자가 기독교교육 현장에서 기독교 교육과정이 어떠해야 할지를 실천적으로 고민하고 씨름한 내용들을 담고 있기 때문에 필자의 기독교교육 여정이 담겨 있다고도 할 수 있다. 그 여정은 여전히 계속되고 있는 진행형이기에 완성된 것이라기보다는 설익은 모습이다. 그럼에도 불구하고 이를 나누는 것은 기독교교육학도들이 함께 동역해야 할 공동체적 과제이기 때문이다.

이 책에 수록된 글 가운데 일부는 최근 학술지에 게재되거나 학술대회에서 발표된 논문을 수정하거나 보완한 것이다. 이미 출간되거나 발표된 논문의 경우 각 장의 첫 부분에서 출처를 밝혀 두었다.

이 책이 나오기까지 도움을 주신 많은 분들이 있다. 먼저 하나님께 영광을 돌리며, 일반 교육학과 기독교교육학 분야의 은사님들과 동료들, 대학원과 학부에서 기독교 교육과정 수업에 참여하여 함께 토론한 제자들, 기독교학교교육연구소에서 '하나님의 교육이 가득한 세상'을 꿈꾸며 동역한 연구원들, 사랑하는 가족들, 그리고 이 책의 출판을 위해 기꺼이 수고를 감당해 주신 모든 분들께 감사를 드린다.

목차

제1부 변화하는 시대의 기독교 교육과정
　1장 포스트모던시대 기독교 교육과정의 방향
　2장 새로운 인식론과 기독교 교육과정
　3장 디지털 시대의 기독교 교육과정

제2부 통전적 기독교 교육과정
　4장 가정과 교회를 연계하는 기독교 교육과정
　5장 교회, 가정, 학교를 통합하는 기독교 교육과정
　6장 교회교육 새판 짜기: 부모 중심 교육과정
　7장 기독교 교육과정의 품 모델

제3부 기독교 교육과정과 수업
　8장 기독교적 수업: 관계 모델로서 성육신적 수업
　9장 기독교 교육과정과 질문

제4부 미래를 향한 기독교교육과정
　10장 한국 기독교교육의 미래 전망
　11장 미래를 위한 기독교교육학과의 교육과정
　12장 한국기독교교육학회의 미래 전망

32. 교회교육 현장론

박상진 저

장로회신학대학교출판부

2010

이 책은 교회교육 현장을 가슴에 품고 쓴 글들로 구성되어 있다. 교육학은 현장의 학문이다. 교육 현장을 떠난 교육학은 생명력이 없다. 교육학은 현장을 위한, 현장에 의한, 현장의 학문이다. 현장과 괴리된 기독교교육학, 현장을 변화시키지 못하는 기독교교육학이라면 무슨 소용이 있겠는가? 현장의 문제를 애통하는 마음으로 붙들고 씨름할 때 진정한 학문이 나오며, 학문의 결과는 현장에서 검증될 때 비로소 그 의미를 부여받게 된다.

그동안 교회교육의 가장 심각한 문제 중 하나가 현장과 이론의 분리현상이다. 이론은 눈부시게 발전하는데, 현장은 무너지고 있다. 기독교교육학 전공자들은 급증하는데, 교회학교 학생들은 급감하고 있다. 오늘날 기독교교육 분야에서 무엇보다 필요한 것은 바로 현장과 이론 사이의 소통이다. 이론은 현장 속에서 출발해야 하며, 현장을 이론의 빛으로 새롭게 해석하려는 노력을 기울여야 한다. 이 책은 교회교육의 현장과 이론을 소통시키는 데 일조하기 위해 쓰인 것이다.

필자는 교회 마룻바닥에서 목사의 7남매 중 막내로 태어났다. 마침 사택을 수리하는 관계로 교회 본당의 마룻바닥에서 출생하게 된 것이다. 교회 현장에서 삶이 시작된 셈이다. 어린 시절의 추억은 교회로 가득 차 있다. 교회는 거룩한 예배 처소였으며, 온갖 예술이 꽃피는 전당이었고, 만남의 설레임이 있는 교제의 장이었으며, 신나게 놀 수 있었던 놀이터이자 운동장이었다. 주일학교는 마음의 고향이요, 주일학교 선생님은 '큰 바위 얼굴(나다니엘 호돈의 소설에 나오는 영웅의 얼굴)'이었으며, 그곳에서 만난 친구들은 꿈장이었다. 교회 이층으로 올라가는 계단 밑에 있는 조그마한 방, 그 곳에서 우리들은 함께 만나서 밤을 지새우며 꿈을 이야기하곤 했다. 청소년 시절 이후의 여름수련회는 초월과 계시를 경험하게 하는 영성의 장이었다. 시골 기도원에서 맡은 풀 냄새는 이제는 신비한 여름 냄새로 각인되어 있다. 그렇게 울고, 부르짖고, 찬양했던 밤들은 영혼의 지성소로 기억되고 있다.

　교회학교 아동부 교사, 총무교사, 중·고등부 교사, 그리고 중등부·대학부·청년부 교육전도사, 교육 담당 및 전담 목사, 교육목회를 추구했던 담임목사 등의 30년 경험은 교회교육 현장을 몸으로 배울 수 있는 기회였다. 교육학을 전공했던 필자에게 교회교육 현장은 수많은 학문적 질문들을 배태시킨 장이기도 하다. 필자가 4년 동안 장로회신학대학교 기독교교육연구원의 책임연구원으로, 『교회교육』 편집인으로 섬겼던 경험은 한국교회 교육의 현실을 보다 깊게 체험할 수 있게 했다. 그 시간은 전국의 교회들을 방문하면서 현장의 소리를 듣고, 현장의 문제를 해결하기 위해 씨름했던 시간이었다. 그 기간 중 필자가 수행했던 영락교회 교회교육 진단연구, 연동교회와 덕수교회의 교회교육 진단연구는 교회교육 분야의 최초의 컨설팅이었다고 자부한다. 현장에서 깊이 깨달은 문제의식, 그것은 학문을 위한 소중한 에너지의 원천이었다. 대학원에서 기독교교육학을 공부하고, 유학을 떠나 기독교교육학 박사 과정을 공부하며, 지금까지 기독교교육학을 연구하게 되는 에너지의 한 뿌리는 바로 교회교육 현장에서 갖게 된 질문이었다. 이 책은 이러한 현장의 질문들에 대한 응답이라고 할 수 있다.

　이 책은 교회교육의 기초, 학생 이해와 교회교육, 청년목회와 교회교육, 교사교육과 리더십, 교회교육 과정과 교수방법, 교회교육 컨설팅, 다음세대를 위한 교회교육, 그리고 교회교육 지도자와 신학교육 등 크게 8가지의 영역으로 구분되어 있다. 각 영역은 다시

3~4개의 장으로 구성되어 있고, 각각의 장에는 함께 읽는 사람들과 나눌 수 있는 토의 문제가 수록되어 있다. 이 책은 교회학교 교사들이 교회교육 현장을 이해하고 하나님이 기뻐하시는 교사로 준비될 수 있도록 하는 데 초점이 있다. 그리고 교회학교를 담당하고 있는 교육 목사, 교육 전도사를 비롯한 교육 지도자들 및 담임 목회자들에게도 필독도서가 될 것이다. 기독교육과는 물론 신학교에서 교회교육 관련 과목의 교재로 사용되기에도 적합할 것이다.

이 책을 통해 더 많은 사람들이 교회교육 현장에 대해 관심을 갖게 되고, 현장의 문제에 대해 애통함을 지니며, 생명력 있는 교회교육 현장으로 변화시키는 일에 헌신하게 되기를 소망한다.

목차

제1부 교회교육의 기초
    제1장 교회교육이란?
    제2장 예수 그리스도의 교육
    제3장 교회교육의 성육신 모델

제2부 학생이해와 교회교육
    제4장 학생이해
    제5장 아동, 청소년에 대한 성서적, 신학적 이해
    제6장 청소년의 발달과 신앙교육
    제7장 수련회의 교육적 의미

제3부 청년목회와 교회교육
    제8장 청년문화 이해
    제9장 청년이해와 청년부 교육과정
    제10장 청년부 교육계획
    제11장 청년목회:기, 부, 조

제4부 교사교육과 리더십
    제12장 교사이해
    제13장 교사교육
    제14장 교회교육과 리더십

제5부 교회교육과정과 교수방법
제15장 교회교육과정
제16장 신앙교수방법론

제6부 교회교육 컨설팅
제17장 교회교육진단
제18장 교육목회진단
제19장 교회교육에 대한 선교적 진단
제20장 교회교육에 대한 윤리적 진단

제7부 다음세대를 위한 교회교육
제21장 교회학교의 침체현상과 부흥을 위한 방안
제22장 다음세대를 품는 교육
제23장 세대간 차이 극복 교육
제24장 주5일 근무시대의 교육목회

제8부 교회교육 지도자와 신학교육
제25장 교회학교를 살리는 신학교육
제26장 교육전도사와 인턴십

교육학은 현장의 학문이다. 교육 현장을 떠난 교육학은 생명력이 없다. 오늘날 기독교교육 분야에서 무엇보다 필요한 것은 바로 현장과 이론 사이의 소통이다. 이론은 현장 속에서 출발해야 하며, 현장을 이론의 빛으로 새롭게 해석하려는 노력을 기울여야 한다. 이 책은 교회교육의 현장과 이론을 소통시키는 데 일조하기 위해 쓰인 것이다.

33. 다음세대를 위한
기독교교육 생태계

박상진 외

예영커뮤니케이션

2016

한국교회의 가장 큰 위기는 다음세대의 위기이다. 다음세대가 신앙을 계승해야 하는데 다음세대가 '다른' 세대가 되고 있다. 학령인구의 감소보다 훨씬 빠른 속도로 교회학교 학생 수가 감소하고 있다. 이러한 다음세대의 위기는 단지 교회학교 침체만의 문제가 아니라 한국교회 생존의 문제이다. 미래에도 오늘날과 같은 한국교회가 존속할 수 있을 것인가? 심각한 질문이 제기되지 않을 수 없다.

한국교회가 위기이며, 특히 다음세대가 위기라는 것을 부인하는 사람은 거의 없다. 그러나 안타깝게도 이런 위기를 교회학교의 위기로 축소하여 이해하는 경향이 있다. 그래서 교회학교를 개선하면 이 문제가 해결될 수 있을 것으로 생각한다. 교회학교 프로그램을 바꾸거나 공과 책을 다른 것으로 사용하거나 교회학교 예산을 늘려 주거나 시설을 개선하면 될 것이라고 생각한다. 그러나 다음세대의 위기는 단지 교회학교의 위기가 아니다.

한국교회 다음세대 위기는 기독교교육 생태계의 위기로 말미암은 것이다. 교회학교만의 문제가 아니라 가정의 문제요, 목회의 문제요, 학교의 문제요, 사회에 팽배한 반기독교적 가치관의 문제인 것이다. 한 아이가 제대로 자라기 위해서는 마을이 필요하다는 아프리카의 격언은 신앙교육에서도 적용된다. 한 아이가 신앙적으로 제대로 양육되려면 기독교교육 생태계가 필요하다. 한 아이에게 영향을 주는 가정, 교회, 학교, 지역사회, 미디어, 문화 등이 기독교적 영향력을 줄 수 있는 생태계가 되어야 한다.

다음세대의 위기 극복은 교회학교만을 들여다보고 문제를 해결하려는 노력으로는 이루어지지 않는다. 교회학교 교사만의 문제도 아니다. 부모가 변해야 한다. 가정이 기독교 가정이 되어야 한다. 학교에서도 기독교적 가치관에 근거한 교육이 이루어지도록 해야 한다. 기독교학교에 다니지 않더라도 그들이 학교에서 배운 지식이 신앙과의 통합이 이루어지도록 도와야 한다. 사회와 문화 전반에 팽배한 세속적인 가치관, 한국교회 신뢰도 추락에 따른 기독교에 대한 부정적 이미지 등도 다음세대 위기의 중요한 요인이기 때문에 이러한 인식을 변화시키는 노력도 기독교교육 생태계 형성에 있어서 중요하다.

이 책은 기독교교육 생태계에 대한 첫 서적이 될 것이다. 기독교교육이 교회교육으로 축소되고, 다시 교회학교 교육으로 축소되었으며, 다시 분반공부로 축소된 것을 다시 기독교교육의 원형으로 회복하는 것은 기독교교육 생태계의 복원에 달려 있음을 선언하는 책이다. 한국교회가 다음세대 위기를 해결하기 위해서는 개교회의 교회학교 부흥에만 관심을 제한시켜서는 안 된다. 가정이 회복되어야 하고, 학교에서도 기독교교육이 이루어져야 하며, 공교육에서도 정의와 사랑의 교육이 실천되어야 하는데, 이를 위해서는 기독교교육시민운동 또한 매우 중요하다. 한국교회는 이러한 기독교교육 생태계 회복을 위해 힘을 모아야 한다. 이런 점에서 기독교교육은 '교육 영역에서의 하나님 나라 운동'이라고 재해석될 수 있다.

이 책은 이러한 하나님 나라 운동의 입문서가 될 것이다. 귀한 글을 써 주신 필진들에게 깊은 감사를 드리며, 이 책을 통해 이 땅에 기독교교육 생태계 회복의 새싹이 돋아나기를 기대하며 소망한다.

목차

1장 한국 교회교육의 위기 진단과 대안의 방향 '기독교교육 생태계적 접근'
    Ⅰ. 들어가는 말 : 교회학교 위기론
    Ⅱ. 교회학교 학생 수 관련 기본통계 분석
    Ⅲ. 교회학교 학생 수 감소 현상

Ⅳ. 한국의 학령인구 감소와 교회학교 학생 수 감소

Ⅴ. 교회학교 위기 진단을 위한 설문조사

Ⅵ. 교회교육 위기 극복을 위한 대안의 방향

Ⅶ. 나가는 말:기독교교육 생태계 복원

2장 다음세대를 위한 교회의 가정교육

Ⅰ. 들어가는 말

Ⅱ. 교회학교-가정 연계 교육의 상황

Ⅲ. 교회학교-가정 연계 교육의 실천

Ⅳ. 나가는 말

3장 다음세대 기독교교육을 위한 교회-학교 연계 모델 탐색

Ⅰ. 들어가는 말

Ⅱ. 시대사조와 교회교육의 문제점

Ⅲ. 교회-학교 연계 모델

Ⅳ. 바람직한 교회-학교 연계 방향 모색

Ⅴ. 나가는 말

4장 미래세대 교육을 위한 교회와 지역사회의 연계

Ⅰ. 들어가는 말

Ⅱ. 교회와 지역사회의 연계를 위한 이론적 근거

Ⅲ. 교회와 지역사회 간 연계의 실태

Ⅳ. 미래세대를 위한 교회와 지역사회 간 연계방안

Ⅴ. 나가는 말

5장 다음세대 교회교육과 뉴미디어

Ⅰ. 들어가는 말

Ⅱ. 뉴미디어의 특성 및 영향

Ⅲ. 기독교교육의 과제와 대응 방식

Ⅳ. 뉴미디어와 교회교육의 실제

Ⅴ. 나가는 말

6장 기독교교육 생태계를 회복하는 대안적 교회교육:'품 모델'

Ⅰ. 들어가는 말

Ⅱ. 기존의 학교식 교회교육의 한계

Ⅲ. 대안적 교육 모델을 위한 이론적 기초

Ⅳ. 교회교육의 대안으로서의 품 모델

Ⅴ. 나가는 말

34. 기독교 교육복지 이론과 실천

박상진 외

한국장로교출판사

2012

인간은 누구나 교육을 받을 권리가 있고, 그가 지닌 잠재적 능력을 발휘하도록 도움받을 권리가 있다. 교육복지는 각 사람의 가정의 경제적 상황이나 여건, 지역적·문화적 상황에 의해 교육받을 기본적인 권리가 침해되지 않도록 보장하고 지원하는 활동이다. 하나님은 모든 인간에게 가능성을 주시고 이것이 구현되고 발현되기를 원하신다.

교육은 이러한 가능성이 구현되고 발현되는 과정이며, 교육복지는 어떤 환경이나 조건에 제한되거나 종속되지 아니하고 이를 이룰 수 있도록 돕는 과정이다. 진정한 복지는 부의 공평한 분배만이 아니라 모든 사람의 교육받을 권리가 보장되는 것을 포함하여야 한다.

오늘날 우리 사회는 공교육을 통해 모든 아이들이 의무교육을 받을 수 있도록 법적·제도적으로 보장되어 있지만, 가정 형편으로 인해 교육을 제대로 받지 못하는 아이들이 여전히 많다. 특히 최근 사교육의 팽창으로 인해 계층 간 교육 격차가 갈수록 심화되고 있으며, 빈곤계층의 자녀들은 양질의 교육 혜택을 받지 못한 채 빈익빈 부익부의 악순환이 계속되고 있다.

소위 실력주의 사회를 표방하며 누구든지 자신의 실력대로 대우받을 수 있는 사회인 것처럼 포장되어 있고, 교육의 기회는 누구에게든지 열려 있는 것처럼 보이지만, 이미 교육의 출발선에 있어서 격차가 존재하는 것이 사실이다. 이런 의미에서 교육복지는 교육정의와 일맥상통하며, 기독교 교육복지는 교육에 있어서 하나님의 정의를 이루는 과정이라고 할 수 있다.

교육복지는 경제적인 요인에 의해서만 제한되는 것이 아니라 개인의 신체적·문화적 특성 때문에 제한될 수도 있다. 최근 우리 사회에 다문화 가정의 자녀들이 증가하고 있는데, 이들이 문화적 차이로 교육받을 수 있는 권리가 제한되거나 침해를 받고 있다. 또한 교육정책이나 제도가 왜곡됨으로 인간이 누려야 할 교육의 권리가 제대로 향유될 수 없는 경우도 있다. 예컨대 입시 위주의 교육정책이나 제도는 인성 교육이나 재능 교육, 자아실현 교육과 같은 교육을 받을 수 있는 기회를 원천적으로 봉쇄하여 교육본연의 가치를 손상시키고 있다. 한국교회는 교육복지가 구현되지 못하는 다양한 영역을 살펴보고 바람직한 방향으로 변화를 시도하여 교육의 영역에서 하나님 나라를 이룸으로 교육복지에 공헌할 책임이 있다.

이러한 교육복지는 자라나는 세대에게만 해당되는 것이 아니다. 고령화사회가 될수록 평생교육(life-long education)의 중요성은 더욱 강조되고 있다. 교육은 삶을 위한 준비가 아니라 삶의 과정이고, 요람에서 무덤까지 평생 동안 교육이 이루어져야 하며, 이러한 권리가 보장되어야 한다는 것이다.

성인들도 그들이 처한 경제적 상황이나 지역적·환경적 요인에 의해서 평생 교육의 기회나 질이 결정된다면, 이를 극복하여 모든 사람이 양질의 평생교육을 누릴 수 있는 기회를 제공받을 수 있도록 변화가 이루어져야 한다.

교육복지에 대한 논의는 교회 안에서 이루어지는 교육에도 적용되어야 한다. 교회에서 제공되는 다양한 교육의 기회가 그 사람이 처한 경제적·환경적 요인에 의해 제한됨으로 이러한 교육에서 소외되는 부류의 사람들이 존재한다면 이를 극복하려는 노력이 이루어져야 한다.

즉, 교회도 교육복지의 영역에서 제외될 수 없고, 교회의 모든 구성원이 양질의 신앙교육을 받을 수 있어야 한다는 것이다. 교회 간의 지역적·경제적·환경적 격차로 인해서도 심각한 교육 격차가 일어날 수 있는데, 이러한 교회 간의 교육 기회의 격차 문제도 교회가 공동체적으로 해소하려는 노력이 필요할 것이다.

교회가 우선 교회 안에서부터 교회 구성원들이 교육복지를 누리고 있는지를 살펴야 하고, 교회 밖의 지역사회 속에서 교육복지를 구현하기 위한 노력을 기울여야 한다. 그리고 교회 공동체로서 교단은 정부가 교육복지를 제대로 구현하는지를 비평적으로 성찰하고 감시함으로 올바른 교육복지 정책과 제도가 입안되고 실현될 수 있도록 그 역할을 감당해야 한다.

특히 교육은 다음 세대의 삶에 막대한 영향을 끼치는 요인이기 때문에 다음 세대의 사회정의와 복지를 위한 가장 중요한 영역 중의 하나라고 할 수 있다. 본 교단이 기독교 교육복지 지침서를 발간하는 것은, 교회가 이러한 교육복지에 관심을 갖고 교회 안팎과 우리 사회에 만연해 있는 교육 격차와 교육 소외의 문제를 해결함으로, '하나님의 다스리심이 있는 교육'으로 회복되기를 원하기 때문이다.

본 지침서에서는 먼저 기독교 교육복지에 대한 이론적인 근거를 제시하고, 이에 기초한 기독교 교육복지의 실천과제를 설정하고, 이에 따른 구체적인 기독교 교육복지 활동지침과 프로그램을 제안하였다. 기독교 교육복지에 대한 근거로는 첫째, 기독교 교육복지에 대한 성서적·신학적 이해를 살펴보았는데, 성서에 나타나는 기독교 교육복지로서의 디아코니아를 살펴보고 그 신학적 의미를 성찰함으로써 기독교 교육복지의 토대를 삼고자 하였다.

둘째, 기독교 교육복지에 대한 사회복지학적 이해를 살펴보았는데, 사회복지학의 관점에서 기독교 사회복지의 중요한 한 영역으로서 교육복지를 파악함으로써 기독교 교육복지를 다면적으로 이해하려고 하였다.

셋째, 기독교 교육복지에 대한 기독교교육학적 이해를 살펴보았는데, 기독교교육학의 관점에서 기독교 교육복지를 새롭게 이해하고, 기독교 교육복지가 기독교교육의 과제와 어떤 연계성을 지니는지를 파악하고, 그러한 논의들을 통해 기독교 교육복지의 이론적 토대를 형성하도록 하였다.

기독교 교육복지의 실천과제를 제시함에 있어서 먼저 기독교 교육복지의 영역을 분류하고 이에 따른 실천과제를 추출하였는데, 기독교 교육복지를 위한 교육목회적 실천으로는 목회적 접근과 교육적 접근으로 구분하여 제안하였고, 교육적 실천은 자라나는 세대를 위한 교회교육적 실천과 성인 세대를 위한 성인교육적 실천으로 나누어 다루었다. 또한 교회 밖의 지역사회 속에서 기독교 사회복지 기관을 중심으로 한 기독교 교육복지 실천과제를 제시하였다. 그리고 이러한 과제에 근거한 구체적인 기독교 교육복지 프로그램을 제시하였는데, 교회 내 프로그램과 교회 밖 프로그램으로 구분하여 제안하였다. 각 프로그램은 각 교회가 직접적으로 프로그램을 실행할 수 있도록 담당자, 목적, 대상, 개요, 기대 효과, 유의사항, 참조사항 등을 자세히 소개했다.

오늘날 갈수록 교육 소외와 교육 격차가 심각해지고 이에 따라 교육복지에 대한 관심이 고조되고 있는데, 이 지침서를 통해 한국교회가 일반적인 교육복지를 넘어서서 하나님 나라를 지향하는 기독교적 교육복지를 이루는 센터로서의 역할을 감당할 수 있게 되기를 기대한다.

목차

제Ⅰ부 기독교 교육복지에 대한 이해
　제3장 기독교 교육복지에 대한 기독교 교육학적 이해

제Ⅱ부 기독교 교육복지의 과제 및 실천
　제4장 영역분류 : 교회의 교육복지를 위한 과제 영역
　제6장 기독교 교육복지를 위한 교육적 실천

35. GPL 커리큘럼: BUILD UP- 총회 100주년기념공과 교육과정 이론 지침서

박상진 외

한국장로교출판사

2014

본 교단은 '성서와 생활'(1970-1980년), '말씀과 삶'(1981-2000년)에 이어 '하나님 나라, 부르심과 응답'(2001년-현재)이라는 공과교재를 개발하여 사용해 왔다. '하나님 나라, 부르심과 응답' 교재는 '성서와 생활'이나 '말씀과 삶'의 근간이 되는 캠벨 와이코프(D. Campbell Wyckoff)의 교육과정이론에 터하면서도 마리아 해리스(Maria Harris)의 '교회 전 생활'을 교육과정의 범위로 끌어안는 체계적인 교육과정에 따른 교재이다. 즉, '부르심과 응답'(awareness & response)에 기초하면서도, 코이노니아, 케리그마, 레이투르기아, 디아코니아, 디다케를 모두 포함하고, 하나님 나라를 지향하는 교재의 성격을 지니고 있다.

그런데 이제는 이 교재를 개발한 지도 10여 년의 세월이 지났기 때문에 보다 현 시대에 맞는 교재의 개발이 요청되고 있다. 고용수 교수의 지적대로 "커리큘럼(교육과정) 이론의 관례에 따르면, 하나의 커리큘럼이 개발되고 10년이 경과하면 시대변화에 따른 사회적, 교회적 요청과 새로운 교육과정 이론에 부응하는 새 커리큘럼이 출현되기 마련이다". 또한 교회 현장에 보다 적합한 교재가 개발되어 본 교단에 속해 있는 많은 교회들이 보다 적극적으로 사용할 수 있는 교재의 개발이 요구되고 있다.

이에 총회 100주년을 맞이하여 공과개발을 새롭게 추진할 것을 총회 교육자원부가 총회에 헌의하였고 이것이 총회에서 허락되어 새로운 교재개발을 시작할 수 있게 된 것이다.

총회 100주년 기념 공과의 개발은 명칭 그대로 2012년에 본 교단 총회가 창립된 지 100년의 해를 맞이하는 것을 기념하면서, 교단의 신학적 정체성에 입각하면서도 새로운 시대에 걸맞는 교재를 출간, 보급하기 위한 것이다. 이러한 공과의 개발은 교육과정 연구의 산물이라고 할 수 있다.

| 목차

    1. 총회 새 공과 개발의 취지   2. 총회 새 공과 개발을 위한 진단·연구
    3. 총회 새교육과정의 이론적 배경   4. 새 교육과정의 방향
    5. 새 교육과정의 개발 지침   6. 주제: "하나님의 사람, 세상의 빛"

36. 기독교 교육과정론

박상진 외

한국장로교출판사

2003

| 목차

포스트모던 시대의 기독교 교육과정의 방향
  1. 포스트모더니즘 이해
  2. 교육과정에 있어서 포스트모던 경향들
    1) 재개념주의와 포스트모던 교육과정
    2) 포스트모던 교육과정 이론가들
    3) 타일러 교육과정에 대한 포스트모던 비판
  3. 포스트모던 시대 기독교 교육과정의 방향
    1) 포스트모던 기독교 교육과정의 특징
    2) 성육신 모델 : 포스트모던 시대의 기독교 교육과정의 한 시도

37. 기독교교육개론- 개정증보판

박상진 외

장로회신학대학교 기독교교육연구원

2015

목차

I. 기독교교육의 기초
5장 무엇을 교육할 것인가?
   1. 교육과정의 다양한 의미
      1) 앎/산출 모델 : 교과중심교육과정
      2) 삶/산출 모델 : 생활중심교육과정
      3) 앎/과정 모델 : 학문중심교육과정
      4) 삶/과정 모델 : 경험중심교육과정
      5) 계획모델 : 목표중심교육과정
   2. 기독교교육과정의 의미
   3. 교단의 기독교교육과정

7장 기독교교육의 장 : 어디에서 교육하는가?
   1) 교회 : 교회학교, 교육목회
   2) 가정 : 부모-자녀와의 관계, 부모의 이미지, 가정예배, 마리아 해리스의 다섯 가지 분류에 따른 가정교육의 장
   3) 학교 : 기독교선교학교, 기독교학교, 기독교대안학교, 비기독교학교
   4) 사회 : 기독교와 사회 및 문화의 관계, 사회교육의 과제
   5) 미디어 : 커뮤니케이션으로서 교육, 미디어를 통한 교육과 미디어 교육

9장 기독교교육학의 하위 영역
   1. 기독교교육학의 하위 영역 분류의 중요성 : 기독교교육학의 학문적 발전, 기독교교육학 커리큘럼 작성, 학문과 현장의 연계성 강화
   2. 지금까지의 기독교교육학 하위 영역 분류방식 : 기독교교육개론서의 분류방식, 기독교교육 관련 학회에서의 하위 영역 분류, 기독교교육(학)과 커리큘럼에서의 하위 영역 분류
   3. 기독교교육학의 하위 영역 분류방식의 한 새로운 시도 : 교육학의 하위 영역 분류, 의학의 하위 영역 분류, 기독교교육학의 하위 영역 분류의 한 시도

38. 대한예수교장로회 총회 교회교육백서

박상진 외

한국장로교출판사

2003

본 『대한예수교장로회 총회 교회교육백서』는 한국교회, 특히 대한예수교장로회(통합)에 속한 교회의 교회교육 현황을 파악하기 위한 것으로서, 교회교육 관련 정책 수립 및 연구, 교회교육의 실제에 활용될 수 있는 기초자료를 제공하는 것을 그 목적으로 하고 있다.

한국교회가 선교 2세기를 향해 나아가고 있고, 새 천년을 맞이하여 21세기를 살아가고 있으면서도 그동안 『대한예수교장로회 총회 교회교육백서』와 같은 교회교육 관련 기초자료가 부재하여 올바른 교육의 방향을 설정하거나 현실에 처한 구체적인 정책을 수립하는 데에 어려움을 겪어 왔다.

이에 지난 1998년도 본 교단 총회교육부가 제83회 총회에 헌의하여 발간을 허락 받고 2000년도에 조사연구를 실시하게 된 것이다. 본서의 발간은 향후 주기적으로 이루어짐으로 각종 교회교육 관련 통계의 추이를 파악하고, 이를 기초로 한 교회교육의 평가와 바람직한 대안 모색이 효율적으로 이루어질 수 있을 것이다.

목차

1. 서론
2. 조사의 개요
3. 교회학교 학생 수 현황
4. 교회학교 지도자 현황
5. 교회학교 정책 관리 및 예산 현황
6. 교회학교 시설 및 기자재 현황
7. 교회 학교 예배 및 분반공부 현황
8. 종합 요약 및 제언 : 21세기 한국 교회교육을 위한 전망

39. 해피투게더 : 기본지침서

박상진 외

장로회신학대학교 기독교교육연구원

목차

해피투게더 밑그림 그리기
"미래 교회, 미래 목회, 미래 교육을 위한 교회교육의 방향 설정 및 대안 모색"

해피투게더 이론적 기초
가정과 교회를 연결하는 신앙교육과정 연구

40. 주5일 근무시대, 우리는 교회로 간다

박상진 외

한국장로교출판사

2005

목차

주 5일 근무시대 교육목회의 신학적 기초
1. 주5일 근무시대, 한국교회의 위기인가 기회인가?
2. 주5일 근무시대를 위한 교육목회의 다섯 가지 신학
   1) 안식의 신학(레이투르기아)
   2) 노동의 신학(디아코니아)
   3) 신앙공동체 신학(코이노니아)
   4) 전인적 교육을 추구하는 교육신학(디다케)
   5) 삶으로 복음을 선포하는 성육신의 선교신학(케리그마)
3. 본격적 교육목회를 향하여

41. 목회매뉴얼 (교육목회)

박상진 외

한국장로교출판사

2015

목차

제 I 부 교육목회를 위한 이해와 신학

1장 21세기 교육목회 현장 이해

  1. 21세기 교육목회에 대한 도전

  2. 신앙의 대 잇기 위기

  3. 변화하는 교육목회 현장

2장 교육목회에 대한 이해

  1. 용어 이해

  2. 교육목회에 대한 신학적 이해

  3. 교육목회에 대한 교육적 이해

제 II 부 교육목회를 위한 지침

1장 다음세대를 위한 교육목회

  1. 영·유아·유치부 / 2. 아동부

  3. 청소년부 / 4. 청년부

  5. 청·장년부

2장 성인세대를 위한 교육목회

  1. 성인세대 이해

  2. 새신자교육

  3. 세례교육

  4. 성인 성경공부

  5. 평신도 지도자(제직) 교육

  6. 성인 제자훈련

  7. 구역(셀) 조직 및 구역장(목자) 교육

  8. 생애 주기 교육

  9. 노인 교육

  10. 기독교 시민교육

  11. 성인세대를 위한 양육체계

42. 포스트모던시대의 기독교교육

박상진 외

장로회신학대학교 기독교교육연구원

2006

목차

포스트모던 인식론과 기독교교육
  Ⅰ. 시작하는 말
  Ⅱ. 포스트모던 인식론
  Ⅲ. 기독교 인식론
  Ⅳ. 포스트모던 인식론과 기독교교육 재개념화
  Ⅴ. 기독교인식론에 근거한 기독교교육 실천
  Ⅵ. 맺는 말

43. 기독교교육의 새 모델들

박상진 외

장로회신학대학교 기독교교육연구원

2012

목차

교회와 학교를 연계하는 기독교교육 모델
  Ⅰ. 신앙-학업 연계 교재 개발
    개요 / 교과구성 / 교육의 과정 / 사례 : 신앙-국어 연계 교재/평가
  Ⅱ. 학원선교 : 넥타 사례
    넥타의 비전과 역사/넥타의 사역 : 교회와 학교의 연합하는 사역 - 링크사역/평가
  Ⅲ. 기독학부모 교육 : 기독학부모교실 사례
    기독학부모교실의 목적/기독학부모교실의 개요/평가

44. 새신자목회

박상진 외

도서출판 그린

1992

목차

Ⅲ장 새신자부 운영에 대한 타 교회 비교연구
1. 새신자 양육체계 비교
   1) 노량진교회
   2) 온누리교회
   3) 영은교회
   4) 장석교회
2. 새신자부 조직 및 운영 비교
3. 바람직한 새신자부 운영모델
4. 맺음말

Ⅴ장 새신자 양육에 대한 기독교 교육학적 이해
1. 기존의 새신자 양육에 대한 문제제기
   1) 새신자 양육체계의 문제
   2) 새신자 양육의 요구 분석
2. 새신자 양육을 접근하는 기독교교육의 한 모델
3. 새신자 양육에 있어서 지식, 신념, 신앙
   1) 새신자 양육에 있어서 지식-교리교육
   2) 새신자 양육에 있어서 신념-교회사회화
   3) 새신자 양육에 있어서 신앙-회심

45. 현대교회와 교육

박상진 외

예영커뮤니케이션

2001

목차

기독교교육과정에 대한 인식론적 고찰
 Ⅰ. 문제제기
 Ⅱ. 타일러 교육과정 모델과 그 영향
 Ⅲ. 타일러식 교육과정에 대한 교육과정론자들의 비판
 Ⅳ. 새로운 인식론(New Epistemology)으로부터의 통찰
 Ⅴ. 새로운 인식론에 터한 타일러식 교육과정 모델 비판
 Ⅵ. 신앙과 인식론 그리고 기독교교육과정
 Ⅶ. 결언

46. 21세기 기독교교육의 과제와 전망

박상진 외

예영커뮤니케이션

2002

목차

기독교교육과정 이론의 체계적 분류에 관한 연구
 Ⅰ. 교육과정 이론 분류의 문제점
  1. 테너의 교육과정 분류
  2. 아이즈너의 교육과정 분류
  3. 미첼의 교육과정 분류
 Ⅱ. 교육과정 이론 분류에 대한 체계적 접근
  1. 앎이냐 삶이냐
  2. 산출이냐 과정이냐
  3. 교육과정 이론 분류에 대한 체계적인 시도
 Ⅲ. 종교/기독교교육과정 이론 분류에 주는 시사
  1. 앎 / 산출모델   2. 삶 / 산출모델
  3. 앎 / 과정모델   4. 삶 / 과정모델
  5. 계획모델

47. 교회 전(全) 사역의 교육적 접근에 관한 통전적 연구

박상진 외

장로회신학대학교 기독교교육연구원

2010

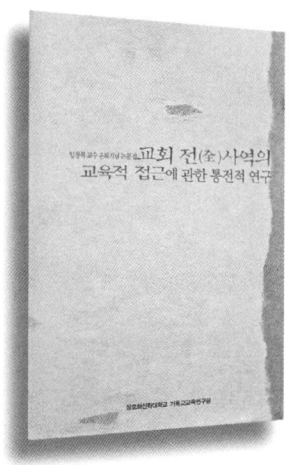

| 목차

리더십 : 복음적 영향력의 심화
 1. 들어가는 말
 2. 리더십과 영향력
 3. 영향력으로서 교육
 4. 교육목회 리더십과 영향력
 5. 성상적 리더십
 6. 나가는 말

48. 기독교교육에 생기를 불어넣는 일곱 주제

박상진 외

장로회신학대학교 기독교교육연구원

2009

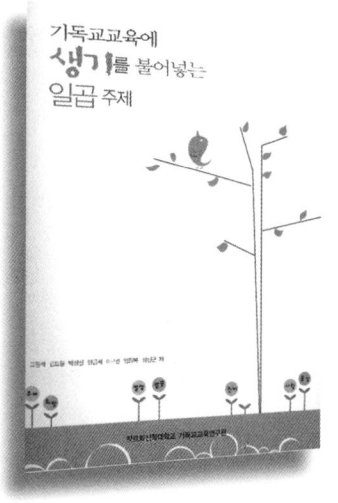

| 목차

1. 열정과 교육
2. 열정 교육학의 기초
 열정과 인식론 / 열정과 커뮤니케이션 /
 열정과 윤리
3. 열정과 복음
 열정의 기독교적 의미 / 열정과 복음 전도 /
 열정의 세 차원 / 열정의 인물 : 사도 바울
4. 열정의 교육학
 교육목적과 열정 / 교육방법과 열정 /
 학교공동체와 열정 / 교사와 열정
5. 열정의 회복

49. 다음세대 신학과 목회

박상진 외

장로회신학대학교출판부

2016

목차

한국 교회교육의 위기 진단과 대안 연구
  Ⅰ. 들어가는 말 : 교회학교 위기론
  Ⅱ. 교회학교 학생수 관련 기본통계 분석
  Ⅲ. 교회학교 학생수 감소 현상
  Ⅳ. 한국의 학령인구 감소와 교회학교 학생수 감소
  Ⅴ. 교회학교 위기 진단을 위한 설문조사
  Ⅵ. 교회교육 위기 극복을 위한 대안의 방향
  Ⅶ. 대안적 교육 모델
  Ⅷ. 나가는 말

50. 다음세대에 생명을 불어넣는 기독교교육

박상진 외

장로회신학대학교출판부

2014

Dr. Friedrich Schweitzer(Tübingen 대학, 기독교교육학)"The Need for Cooperation : Religious Education in the Family, in the Church, and in School"(협력의 필요성 : 가정, 교회, 학교를 연계하는 기독교교육)에 대한 논찬
'가정, 교회, 학교에서의 종교교육, 그 상호 필요성'

51. 다음세대에 생명을

박상진 외

장로회신학대학교교육연구원

2016

목차

Ⅰ. 들어가는 말 : 교회학교 위기론
Ⅱ. 교회학교 학생수 관련 기본통계 분석
Ⅲ. 교회학교 학생수 감소 현상
Ⅳ. 한국의 학령인구 감소와 교회학교 학생수 감소
Ⅴ. 교회학교 위기 진단을 위한 설문조사
Ⅵ. 교회교육 위기 극복을 위한 대안의 방향
  1. 부모를 신앙의 교사로 세워라
  2. 담임목사가 다음세대 목회를 책임지라
  3. 학생과 인격적인 관계를 맺고 양육하라
  4. 학교에서도 신앙적 가치관이 이어지도록 하라
  5. 한국교회의 신뢰도를 회복하라
Ⅶ. 나가는 말 : 기독교교육생태계 복원

본 연구에서는 교회학교의 위기 현실을 보다 구체적으로 진단하기 위해 '교회학교 진단 설문조사'를 실시하였다. 담임목사, 부교역자, 교육담당 교역자, 교회학교 부장, 교회학교 교사 등을 대상으로 실시한 설문조사를 통해 교회학교 위기 요인을 분석하였다. 그리고 이러한 위기를 극복할 수 있는 대안의 방향을 모색하고 교회교육 활성화 방안의 큰 그림을 제시하였다.

52. 하나님의 나라와 문화

박상진 외

한국장로교출판사

2004

청년 문화란 청년들이 공유하고 있는 독특한 문화를 의미한다. 문화에 대한 여러 가지 정의가 있지만 굿이너프(W. Goodenough)의 정의는 청년 문화가 무엇인지를 파악하는 데 깊은 통찰을 준다. 그는 문화는 "공유되고 있는 인간학습의 소산으로서, 현상세계의 경험을 조직하는 표준(standards)들로써 이루어진 것"이라고 정의한다. 즉 현상세계의 경험에 대한 지각, 인과관계에 대한 신념, 가치의 위계에 대한 판단, 목적달성을 위한 행동을 결정하는 표준(standard) 또는 규칙(rule)이 문화라는 것이다.

청년들은 기성세대와 다른 표준을 지니고 있고, 그들만이 공유하고 있는 규칙이 있다. 그 표준과 규칙에 의해서 인식하고(지 : 知), 느끼고(정 : 情), 판단하고(의 : 意), 행동하는(행: 行) 것이다. 마치 바둑의 규칙을 모르면 바둑을 이해할 수 없고, 미식 축구의 규칙을 모르면 미식 축구를 즐길 수 없듯이, 청년들의 문화를 모르면 그들의 행태를 이해할 수 없고, 그들과 더불어 커뮤니케이션할 수 없고, 더군다나 그들을 변화시킬 수 없다. 예컨대 성인 문화와 청년 문화를 비교해 보자. 만약 성인이 청년 문화가 지닌 규칙을 이해하지 못하면 여전히 성인 문화의 규칙으로 청년들을 판단하고 심지어 정죄할 수밖에 없다.

그렇기 때문에 청년 문화를 이해하는 것은 그들의 삶을 진정으로 이해하는 필수적인 요소라고 할 수 있다. 이 규칙은 생득적으로 가지고 태어나는 것이 아니다. 인간학습의 소산이다. 사회화(socialization)와 문화화(enculturation)의 과정을 통해서 학습되는 것이다. 지금도 청년들은 그들 서로와의 만남을 통해서, 인터넷을 통해서, 그리고 대중매체를 통해서 계속 사회화되고 문화화되고 있으며, 이런 공유된 규칙으로 '청년 문화'라는 '기성세대의 문화'와는 구별되는 거대한 집단 문화를 형성하고 있는 것이다.

오늘 이 시대의 청년 문화는 어떤 특징을 지니고 있는가? 오늘을 사는 청년들은 어떤 규칙에 의해서 생각하고 느끼고 행동하고 있는가? 이 문화적 특성을 파악할 때 비로소 그들과의 접촉점(point of contact)을 가질 수 있고, 그 접촉점을 통해 복음은 생명력 있게 그들을 변화시키는 능력으로 나타나게 되고, 그들 속에서 하나님 나라가 확장된다.

> 목차
>
> **청년 문화를 말한다**
>   1. 들어가는 말
>   2. 21세기 청년 문화의 특성
>   3. 나가는 말

청년 문화란 청년들이 공유하고 있는 독특한 문화를 의미한다. 그렇기 때문에 청년 문화를 이해하는 것은 그들의 삶을 진정으로 이해하는 필수적인 요소라고 할 수 있다. 이 문화적 특성을 파악할 때 비로소 그들과의 접촉점(point of contact)을 가질 수 있고, 그 접촉점을 통해 복음은 생명력 있게 그들을 변화시키는 능력으로 나타나게 되고, 그들 속에서 하나님 나라가 확장된다.

53. 하나님의 나라와 경건

박상진 외

한국장로교출판사

2005

'경건'(piety)이라는 단어는 매우 폭넓게 사용되고 있다. 때로는 '신앙'(faith)이라는 말과 동의어로 사용될 때도 있고, '거룩'(holiness)이라는 뜻으로 쓰이면서 보다 보수적인 경향성을 일컫기도 한다. 심지어는 경건이 '경건주의'라는 용어로 쓰일 때는 부정적인 의미를 갖는 경우도 있다. '경건한 척'하거나 '경건한 체'하는 외식주의자, 형식주의자를 지칭할 때 '경건파' 또는 '경건주의자'로 호칭하기도 한다. 그러나 '경건'은 국어사전의 풀이 그대로 "공경하는 마음으로 삼가며 조심성이 있음"을 의미한다. 이러한 경건의 개념은 기독교교육에 있어서 필수적이며, 일반 교육에 있어서도 추구되어야 할 가치요, 특히 도덕교육, 윤리교육의 근본이 될 수 있는 개념이다.

'경건'을 교육적으로 성찰해 볼 때 세 가지 차원을 지님을 알 수 있다. 첫째는 '초월성'이요, 둘째는 '윤리성'이요, 셋째는 '실천성'이다. 이 세 가지 차원으로 인해 경건은 도덕과 다르며, 형식적인 종교와도 다르며, 경건주의와도 다르다.

목차

교육의 현장에서의 경건에 대하여

1. 들어가는 말 : 경건과 교육
2. 학교교육과 경건
3. 경건을 상실한 학교교육의 증상들
4. 교육 현장을 변화시키는 경건교육
5. 나가는 말

54. 하나님의 나라와
   회개하는 신앙공동체

박상진 외

한국장로교출판사

2006

1900년대 대부흥운동에 대한 이해는 보는 관점에 따라 다를 수 있다. 기독교교육의 눈으로 이를 바라볼 때는 대부흥운동은 역사적 사건일 뿐만 아니라 교육적 사건이라고 할 수 있다. 1903년의 부흥운동(원산)과 1907년의 대부흥운동(평양)을 미시적으로 보게 될 때, 그러한 부흥운동이 일어나는 과정이 이미 기독교교육의 과정임을 알 수 있다.

사경회라는 기독교교육의 형태를 통해서 부흥운동은 시작되었고, 하디 선교사나 길선주 목사의 회개로부터 시작된 회개운동은 진정한 기독교교육이 어떠해야 함을 선명하게 보여 주고 있다. 진실된 회개와 공동체적인 기도가 삶을 근본적으로 변화시키는 기독교교육의 통로가 되었던 것이다. 그렇기 때문에 대부흥운동을 깊이 들여다보는 것은 삶을 변형(transformation)시키는 기독교교육의 원형을 회복할 수 있는 통찰을 제공해 준다.

오늘날 기독교교육이 그것이 교회교육이든 기독교학교교육이든 기독교가정교육이든 타락한 인간을 하나님의 형상으로 회복하게 하는 능력의 도구가 되기를 원한다면 대부흥운동의 내적인 논리를 심도 있게 탐구해야 할 것이다. 그 당시 대부흥운동이 일어날 수 있게 한 원리를 추출하여 오늘날의 상황에 적용한다면, 그 원리는 여전히 변화를 일으키고야 말 것이다.

    1907년 대부흥운동은 그 과정이 기독교교육의 과정이었을 뿐만 아니라 그 결과로서 기독교교육에 큰 변화를 불러일으켰다. 회개에 동참하고 부흥을 경험한 사람들은 배움의 열망을 지니게 되었고 교육을 받고자 하는 사모함을 갖게 되었다. 주일학교는 급속도로 성장하게 되고, 수많은 교회들이 기독교학교를 설립하는 기독교학교운동으로 이어지게 된다. 한국 역사 이래 가장 많은 학교를 설립하게 되는 기간이 되었던 것이다. 소위 '1교회 1학교' 운동을 일으키면서 교회가 학교를 세워 기독교교육을 실천하고자 하였다. 이러한 기독교학교운동은 당시 일제의 압제가 서서히 시작되는 것과 때를 같이하여 민족교육과 항일운동으로 이어지게 된다.

    오늘날의 교회학교의 위기와 기독교학교의 위기는 기독교교육의 정체성 위기라고 할 수 있는데, 대부흥운동으로 인한 주일학교 부흥과 기독교학교 부흥은 이러한 위기를 극복하게 할 수 있는 실제적인 대안을 모색할 수 있도록 도울 것이다. 이 글에서는 크게 두 부분으로 나누어 기독교교육으로서 대부흥운동과 이로 인한 기독교교육의 변화를 다루게 될 것이다.

> 목차
>
> **1907년 대부흥운동의 기독교교육적 의미**
>   1. 들어가는 말
>   2. 기독교교육으로서 대부흥운동
>   3. 부흥운동을 통한 기독교교육의 변화
>   4. 오늘날 기독교교육의 부흥운동
>   5. 나가는 말

55. 하나님의 나라와 다음세대 부흥

박상진 외

한국장로교출판사

2007

한국교회는 선교 120주년을 맞이하기까지 괄목할 만한 성장을 이루었다. 그러나 최근의 한국교회는 그 성장이 정체되는 경향을 보이고 있다. 통계청이 발표한 2005년 '인구주택총조사'에 따르면, 우리나라 총 인구 4천 7백 28만 명 가운데 53.1%에 해당하는 2천 4백 97만 명이 종교인구인데, 기독교(개신교) 인구는 전체의 18.3%에 해당하는 8백 76만 명인 것으로 나타났다.

이는 불교가 22.8%인 것에 비해 상대적으로 낮은 수치일 뿐만 아니라 1995년을 기준으로 할 때, 천주교가 무려 74.4% 증가하고, 불교가 3.9% 증가한 것에 비해 기독교는 오히려 1.6% 감소한 통계치이다.

이러한 교회성장 둔화 현상도 심각하지만 무엇보다 우려할 만한 상황은 교회학교의 침체 현상이다. 앞으로의 한국교회의 모습은 이미 자라나는 세대가 속해 있는 교회학교의 모습에서 예시될 수 있고, 교회학교의 침체는 머지않은 장래에 한국교회의 위기를 초래할 수 있기 때문이다.

교회학교의 침체는 두 가지 현상으로 나타나게 되는데, 하나는 교회학교 학생 수 감소라는 양적 현상이고, 다른 하나는 교회교육의 무기력이라는 질적 현상이다. 이 두 가지는 사실상 분리될 수 없는 것으로서 질적인 교육의 무기력이 양적 감소를 일으키고, 양적 감소는 다시금 질적 저하의 원인이 되는 상호작용적 관계라고 할 수 있다.

> 목차
>
> **교회교육 현장에서 다음 세대 부흥은 어떻게 준비할 것인가**
> 　1. 들어가는 말
> 　2. 교회학교 학생수의 감소 현상
> 　3. 교회학교 학생수 감소원인 분석
> 　4. 다음 세대의 부흥을 위한 두 가지 전략
> 　5. 나가는 말

한국교회는 선교 120주년을 맞이하기까지 괄목할 만한 성장을 이루었다. 그러나 최근의 한국교회는 그 성장이 정체되는 경향을 보이고 있다. 이러한 교회성장 둔화 현상도 심각하지만 무엇보다 우려할 만한 상황은 교회학교의 침체 현상이다. 앞으로의 한국교회의 모습은 이미 자라나는 세대가 속해 있는 교회학교의 모습에서 예시될 수 있고, 교회학교의 침체는 머지않은 장래에 한국교회의 위기를 초래할 수 있기 때문이다.

56. 사랑으로 섬기는 교회

박상진 외

한국장로교출판사

2008

오늘날 한국교회의 위기는 '섬김의 위기'라고 말할 수 있다. 교회가 섬김의 능력을 상실하게 될 때 세상으로부터 권위를 상실하게 된다. 한국교회에 반감을 갖는 사람들의 상당수는 교회가 더 이상 섬기지 않고 군림하기 때문이라고 말한다. 섬기는 교회, 섬기는 교인들을 세우기 위해서 가장 중요한 과제는 교회학교에서 '섬기는 교육'이 이루어지도록 하는 것이다.

그런데 어떻게 교회학교에서 섬기는 교육을 할 수 있을 것인가? 그동안 교회교육의 어떤 점이 섬기는 교육을 실패하게 하였는가? 섬김은 마치 국어, 영어, 수학을 가르치듯이 가르쳐질 수 있는 것인가? 섬기는 교육을 위한 구체적인 방안은 무엇인가? 이런 질문에 답하는 것은 교회학교에서 섬기는 교육을 실천하기 위해서 꼭 필요한 과제일 것이다.

목차

교회학교에서 '섬기는 교육' 어떻게 할 것인가?
1. 섬김으로서의 교회교육
2. 섬김과 인식론
3. 교회교육의 목적, 내용, 방법으로서 섬김
4. 섬김교육의 대상 및 실천
5. 섬김교육의 모델 : 성육신 모델
6. 교사 : 섬김의 삶
7. 나가는 말

57. 하나님을 기쁘시게 하는 삶

박상진 외

한국장로교출판사

2009

하나님을 기쁘시게 하는 기독교교육은 어떤 교육일까? 본 주제의 의미 속에는 크게 두 가지 강조점이 있다.

첫째는 '하나님'에 대한 강조이다. 하나님께 초점이 있는 교육, 하나님만이 판단의 근거가 되는 교육, 하나님의 기준을 강조하는 교육이다. 기독교학교가 하나님을 기쁘시게 하는 교육을 하기 위해서는 기독교학교의 본질을 회복해야 한다. 그것은 하나님의 기준을 회복하는 것이다. 사도 바울은 고린도전서 4:3~4에서 세 종류의 판단을 말씀하고 있다. "너희에게나 다른 사람에게나 판단 받는 것이 내게는 매우 작은 일이라 나도 나를 판단하지 아니하노니 내가 자책할 아무것도 깨닫지 못하나 이로 말미암아 의롭다 함을 얻지 못하노라 다만 나를 심판하실 이는 주시니라."

즉, 다른 사람의 판단, 나 자신의 판단, 그리고 주님의 판단이다. 기독교학교는 세상의 판단 기준, 다른 사람의 판단 기준에 얽매여서는 안 된다. 일반학교가 추구하는 목적과 방향, 그들의 판단 기준을 추종하지 말아야 한다. "너희는 이 세대를 본받지 말고 오직 마음을 새롭게 함으로 변화를 받아 하나님의 선하시고 기뻐하시고 온전하신 뜻이 무엇인지 분별하도록 하라"(롬 12:2)는 말씀처럼 이 세상의 방식을 좇는 데서부터 돌이켜야 한다.

기독교학교가 하나님을 기쁘시게 하는 학교가 되기 위해서는 자신의 판단 기준을 추구해서도 안 된다. 이것을 신학적으로 '자기 의'(self righteousness)라고 말한다. 이 정도면 그대로 괜찮겠다고 생각되는 기준이다. 하나님을 기쁘시게 하는 기독교학교가 되기 위해서는 자기 의를 넘어서서 '하나님의 의'(God's righteousness)를 추구해야 한다. 주님은 "너희는 먼저 그의 나라와 그의 의를 구하라"(마6:33)고 말씀하신다. 하나님의 판단 기준에 입각하여 기독교학교 교육이 이루어져야 한다.

둘째는 '하나님을 기쁘시게' 하려는 분명한 비전과 목적을 갖는 것이다. 모든 기독교학교는 건학이념이 있다. 기독교학교를 설립할 때 설립자들이 품는 비전이 있다. 무엇보다 모든 기독교학교가 설립될 때 하나님께서 기대하시는 뜻이 있다. 그 비전과 뜻을 분명히 하는 일을 통해서 하나님을 기쁘시게 하는 기독교학교로 회복될 수 있다. 이는 첫사랑을 회복하려는 노력을 의미한다. 주님은 에베소 교회를 책망하시면서 첫사랑을 회복할 것을 명령하신다. "그러나 너를 책망할 것이 있나니 너의 처음 사랑을 버렸느니라 그러므로 어디서 떨어졌는지를 생각하고 회개하여 처음 행위를 가지라 만일 그리하지 아니하고 회개하지 아니하면 내가 네게 가서 네 촛대를 그 자리에서 옮기리라"(계 2:4-5).

기독교학교는 건학이념과 설립정신, 설립자들의 그 첫사랑을 회복할 때에 하나님을 기쁘시게 할 수 있다. 닐 포스트만이 그의 책 『교육의 종말』(The End of Education)에서 지적하고 있듯이 목적(end)의 종말이야말로 진정한 종말(end)이다.

기독교학교는 다른 학교와 다른 독특한 목적과 비전이 있는데, 그것이 바로 '하나님을 기쁘시게' 하는 것이다. 하나님의 판단 기준에서, 하나님을 기쁘시게 하는 비전을 이루기 위해서는 구체적으로 어떤 변화가 필요한가? 여기에서는 하나님을 기쁘시게 하는 기독교학교 교육의 원리를 살펴보려고 한다.

> 목차
> **하나님을 기쁘시게 하는 기독교학교 교육**
>   1. 하나님이 주인 되시는 학교
>   2. 하나님의 사랑으로 하나 되는 학교
>   3. 하나님의 뜻을 이루는 학교

58. 교회와 함께 가는 다음세대

박상진 외

한국장로교출판사

2010

한국교회의 가장 심각한 위기는 '신앙의 대 잇기'의 위기이다. 다음세대로 신앙이 전수되어야 하는데 신앙의 대 잇기가 제대로 이루어지지 않고 있는 것이다. 지난 북경 올림픽 때 여자 400미터 계주에서 우승후보였던 미국 선수들이 탈락하는 이변이 일어났다. 그 원인은 그들이 잘 달리지 못했기 때문이 아니었다. 바통터치에 실패한 것이다. 열심히 달리는 것도 중요하지만 바통을 다음 주자에게 잘 넘겨주는 것이 너무나 중요하다.

오늘날 한국교회는 바통터치에서 실패하고 있다. 우리의 믿음의 선조들은 그 가난과 역경 속에서도 우리에게 신앙의 바통을 넘겨주었는데 과연 우리가 다음세대에게 신앙의 바통을 제대로 넘겨주고 있는가? 적신호가 켜진 것이다.

필자는 한국교회의 대표적인 몇 교회의 교회교육을 컨설팅한 적이 있다. 교회교육을 진단하기 위해서 교인 인구분포를 조사해 보면 대부분의 교회가 역피라미드 구조를 지니고 있음을 알 수 있다. 역피라미드 구조라는 것은 역삼각형 모양으로 위는 넓은데 아래로 갈수록 좁은 모습이다. 교회마다 연세 드신 노인층은 많은데 나이가 어린층이 될수록 적어지는 현상이 있는 것이다. 이대로라면 2030년, 2050년의 한국교회가 어떻게 될 것인가

우려하지 않을 수 없다. 한국교회는 다시금 다음세대를 향한 신앙의 대 잇기를 교회 생존의 과제로 인식하고 다음세대의 교회교육을 위한 관심과 투자를 아끼지 않아야 한다.

다음세대 교회교육의 문제는 양적인 문제만은 아니다. 교회교육이 질적으로 무기력해질 때 양적인 침체가 그 결과로서 나타나게 된다. 교회학교라는 제도가 존재하고, 교육관이라는 시설이 존재하며, 교육담당 교역자나 교사라는 인적 자원이 존재하고, 공과책이나 반별 공부와 같은 교육 프로그램이 존재하지만 형식만 존재할 뿐 생명력을 잃어버렸다면 그런 교육은 변화를 일으킬 수 없는 무기력한 교육일 뿐이다. 교회교육의 생명은 복음적 영향력(influence)에 있다.

교회학교에 나오는 다음세대의 자녀들이 교회교육을 통해 복음적인 변화를 경험하여야 한다. 예배는 있지만 복음적인 영향력을 끼치지 못하는 예배는 무기력할 뿐이다. 반별 공부는 있지만 학생들에게 복음적인 변화를 일으키지 못하는 반별 공부는 무기력할 뿐이다. 시설이 좋고 재정이 풍부하고 교사가 많은 것보다 더 중요한 것은 학생들에게 복음적인 영향력이 일어나는 것이다. '복음적 영향력의 극대화' 이것이 다음세대 교회교육의 가장 큰 과제이다.

지금의 한국교회의 다음세대 교회교육은 어떤 문제를 지니고 있고, 그것을 극복하고 복음적 영향력을 극대화시킬 수 있는 대안은 무엇인가? 이 글에서는 다음세대 교회교육이 직면한 심각한 문제점을 진단하고, 이를 해결할 수 있는 대안적 방안을 제시하고자 한다.

목차

다음세대 교회교육 이것이 문제이다
1. 들어가는 말
2. 다음세대 교회교육의 문제와 대안
3. 나가는 말

59. 그리스도인, 복음으로 사는 사람

박상진 외

한국장로교출판사

2014

　한국교회는 심각한 위기에 직면해 있다. 한국교회가 항해하는 배와 같다면 엄청난 파도를 만난 것과 같다. 너무나 크고 강한 파도이기 때문에 배의 갑판이 부서지기 시작하고 선실에 물이 차 들어오기 시작하고, 서서히 침몰하기 시작한다. 한국교회라고 하는 선박에 부딪히는 파도의 정체는 무엇인가? 여러 가지 파도가 있을 수 있다. 그런데 가장 강력하게 한국교회를 강타하고 있는 파도가 있다면 저출산, 고령화의 파도일 것이다.

　이미 한국교회는 이 파도의 영향권 안에 들어와 있고, 이 파도의 위력이 얼마나 대단한 것인가를 깨닫기 시작하고 있다. 이미 1980년대부터 교회학교 학생수의 감소 현상이 시작되었고, 2005년 통계청 종교인구 분포표에서 볼 수 있듯이 전체 기독교인 수가 감소하기 시작하였으며, 이러한 감소현상은 더욱 심화될 것으로 전망되고 있다. 중고등부를 비롯한 교회학교 부서가 사라지는 교회가 속출하고 있으며, 농어촌으로 가면 교회학교가 아예 존재할 수 없는 생태계로 변화되고 있다. 성장을 멈춘 한국교회, 급격한 교인수 감소를 경험하고 있는 한국교회는 더 이상 교회를 유지할 수 없어서 교회 문을 닫는 경우가 발생한다. 무리하게 성전을 건축한 교회들은 끝내 대출 이자를 갚지 못해서 경매로 내어놓는 경우도 허다하다. 그런데 이런 현상은 이제 시작에 불과하다. 저출산 인구분포가 1960년대의 피라미드 구조에서 서서히 역피라미드 구조로 변화해 가고 있다. 자라나는 세대와 젊은이가 사라지고 노인들이 주종을 이루는 교회가 됨으로써 교회의 역동성은 사라질 수밖에 없다. 이 글을 통하여 이러한 저출산 시대의 한국교회 교회교육의 위기를 다루되, 이러한 위기를 오히려 기회로 삼아 복음을 소통하는 교회교육을 모색해 보려고 한다.

목차

저출산, 고령화사회 속에서 복음을 소통하는 교회교육
  1. 들어가는 말
  2. 한국교회의 저출산, 고령화 현상
  3. 저출산, 고령화사회에서 교회학교 패러다임의 한계
  4. 저출산, 고령화사회 속에서 복음을 소통하는 교회교육
  5. 나가는 말

한국교회는 심각한 위기에 직면해 있다. 그런데 가장 강력하게 한국교회를 강타하고 있는 파도가 있다면 저출산, 고령화의 파도일 것이다. 이 글을 통하여 이러한 저출산 시대의 한국교회 교회교육의 위기를 다루되, 이러한 위기를 오히려 기회로 삼아 복음을 소통하는 교회교육을 모색해 보려고 한다.

60. 주님, 우리로 화해하게 하소서!

박상진 외

한국장로교출판사

2015

오늘날 한국교회와 한국사회는 심각한 위기 속에 있는데 이를 한마디로 표현한다면 '갈등'이라고 할 수 있다. 남한과 북한이 분단 70년을 맞이하고 있지만 아직도 총부리를 겨누고 대치하고 있다. 이러한 갈등은 심화되고 있는데 서로를 향한 비난과 대적 행위는 통일을 앞당기기보다는 분단을 영속화하고 있다. 남한 사회 내에서는 어떠한가? 오랫동안 계속되어 온 지역 간 분열, 특히 동과 서의 갈등, 영호남의 갈등은 정치, 경제, 사회, 문화, 종교, 교육, 예술 각 분야 속에 침투하여 온갖 집단이기주의의 폐해를 드러내고 있다. 어느 나라든지 지역 간의 격차와 이로 인한 갈등이 없는 것은 아니지만, 우리 사회에서의 지역 간 갈등은 그 정도가 너무나 심각하여 이를 해결하지 않고서는 진정한 통합사회의 구현이 불가능하다고 할 수 있다. 이러한 지역간 갈등은 오늘날 이념간의 갈등과도 연계되어 있는데 진보진영과 보수진영이 대립하고 충돌하고 있는 것이다. 빈부격차로 말미암은 갈등은 한국사회가 해결해야 할 또 하나의 큰 숙제이다. 갈수록 심화되고 있는 '가진 자'와 '갖지 못한 자'의 괴리는 한 사회 안에 살지만 전혀 다른 삶의 질을 초래한다. '부익부 빈익빈'은 경제적인 현상만이 아니라 교육, 예술, 문화, 종교 각 분야에서 경험되고 있다. 특히 정규직과 비정규직의 갈등은 거의 모든 직장 안에서 경험

되고 있는 갈등의 한 양상이다. 여기에 세대 간 갈등까지 발생하고 있는데 기성세대와 자라나는 세대 간의 문화적 차이는 물론이고 제한된 사회 경제적 지위를 누가 차지하느냐의 문제에 있어서 이를 더 오래 차지하려고 하는 기성세대와 이들이 물러나는 것만이 취업의 기회가 되는 젊은 세대 간의 갈등이 심화되고 있는 것이다.

한국교회는 어떠한가? 한국교회사의 특징을 '분열'이라고 말할 수 있을 정도로 한국교회는 분열과 다툼, 갈등의 연속이라고 할 수 있다. 한국교회는 많은 교파와 교단으로 갈라져 왔고, 장로교단만 하더라도 그 수효를 헤아릴 수 없을 정도로 많은 교단으로 분리되었다. '총회신학교'라는 이름으로 수백 개의 학교가 존재하고, 교단 총회장이라는 직함을 가진 사람들로 인산인해를 이룬다. 한국교회의 분열은 교단의 분열만이 아니다. 교회 내에서도 분쟁이 끊이지 않고 있다. 최근 한국교회의 한 현상으로 불리는 '가나안 성도' 현상도 그 발생원인 중의 한 요인이 바로 교회에서 일어나는 분열과 다툼으로 인한 갈등이다. 그런 교회에 교인으로 남아 있기보다는 차라리 교회를 '안 나가'는 쪽을 택하는 것이다.

오늘날에는 앞에서 언급한 사회적 갈등과 마찬가지로 교회 안에서도 이념적 갈등, 빈부 갈등, 세대 간 갈등을 경험하고 있다. 언제부터인가 한국교회는 진보와 보수로 나누어져 서로 대치하고 갈등하고 있는데, 갈수록 심화되는 양태이다. 소위 보수교단의 연합체와 진보교단의 연합체가 서로 힘겨루기를 하고 있으며, 사회적인 이슈가 발생할 때마다 한국교회가 이를 해결하고 통합적인 대안을 제시하기보다는 교회마저 진보와 보수로 갈려져 오히려 사회의 분열을 강화시키고 있는 형국인 것이다. 보수진영에서는 더 근본주의적인 입장의 발언권이 오히려 강해지고, 진보진영에서도 극단적인 행동주의자들의 입지가 강해지고, 온건한 통합주의자들은 소위 '회색분자'로 낙인찍혀 그 영향력이 약화되고 있다. 소위 중도적인 입장이 자리를 점하기 어려운 상황이라고 할 수 있다. 한국교회도 부자교회와 가난한 교회로 구분될 수 있는데, '부익부 빈익빈'의 논리는 교회 안에서도 통용되고 있다. 소위 부유한 지역에 있는 대형교회에서의 종교적 삶의 질과 농어촌이나 도시 빈민 지역의 소형교회에서의 종교적 삶의 질이 너무 큰 차이가 있는 것이다. 사회에서는 국가가 대기업이나 부유층에게 세금을 더 많이 부과하는 조세정책, 그리고 노사 간의 대화와 타협을 중재하는 노동정책 등을 통해서 기업의 공공성과 사회적 책임을 감당하도록 하는 것에 비해서, 한국교회는 이러한 격차와 갈등이 해소되지 않은 채 심화되고 있는 면이 있다. 여기에 교회 내에서의 세대 간의 갈등은 단지 문화적인 차이로 인한 갈등을 넘어서서 전혀 다른 종교적 이념이나 지향성을 갖는 이질적 집단이 되어 가고 있다. 더 이상 같은 찬송가를 부르지 못하고, 같은 예배를 드릴 수 없고, 같이 공감하는 설교를 듣기가 어려운 상황인 것이다. 주로 노년층이 당회를 비롯한 교회의 의사결정 과정을 담당하는 반면 젊은 세대는 교회의 변두리로 밀려남으로 말미암아 결국 젊은이들이 교회를 떠나게 되는 '소리 없는 출애굽'(Silent Exodus) 현상은 한국교회의 심각한 자화상이 아닐 수 없다.

이러한 갈등과 대립, 분열을 해결하는 것은 '화해'(reconciliation)의 길밖에 없다. 오늘날 한국사회와 한국교회의 일원으로 살아간다는 것은 '화해자로 살아가야 할 소명이 있다'고 말할 정도로 '화해'는 시대적 사명이다. 우리는 분단을 극복하는 화해자로 살아가야 하고, 이념 갈등, 세대 갈등, 지역 갈등, 계층 갈등 등을 극복할 수 있는 화해의 역할을 감당해야 한다. 기독교의 핵심 교리는 화해이다. 십자가는 화해의 상징이다. 예수 그리스도의 죽으심과 부활은 화해의 완성이다. 하나님과 인간의 분리와 갈등, 인간과 인간 간의 분리와 갈등, 인간과 자연의 분리와 갈등의 문제를 해결하고 진정한 샬롬을 이루신 사건이다. 기독교인의 정체성의 핵심은 그래서 화해자이다. 분열이 있는 곳, 갈등이 있는 곳, 대립이 있는 곳에 가서 '평화를 만드는 사람'(peace maker)으로서의 사명을 감당하는 자이다. 목회와 기독교교육의 생명은 그렇기 때문에 다음세대를 포함한 교인들을 화해자의 사명을 감당하는 신앙인으로 세우는 것이다.

> **목차**
>
> **화해의 삶을 위한 신앙인의 자세**
>   1. 들어가는 말
>   2. 화해, 가장 중요한 교육목적
>   3. 화해자로서의 신앙인의 자세
>   4. 화해자로 세우는 교육
>   5. 나가는 말

61. 다시 거룩한 교회로

박상진 외

한국장로교출판사

2016

종교개혁 500주년을 맞이하면서 우리 교단의 총회 주제를 "다시 거룩한 교회로!"(롬 1:17; 레 19:2)라고 정한 것은 청소년교육에 있어서도 올바른 지표가 된다. 오늘날 청소년들에게 회복되어야 할 가장 중요한 가치가 있다면 '거룩'일 것이다. 청소년들이 오늘의 문화 속에서 '거룩한 삶'을 살 수 있게 될 때에 이 땅의 문화를 변혁시키고 정치, 경제, 사회, 예술, 교육의 전 영역에서 변화를 일으키는 하나님 나라의 일꾼으로서의 사명을 감당할 수 있다.

그런데 안타깝게도 오늘날 청소년들은 교회를 떠나고 있고, 거룩한 삶을 추구하기보다는 세속의 가치관으로 빠져들고 있다. '거룩'은 단지 하나의 덕목이 아니다. 절대자이신 하나님과의 관계이며 어떤 덕목을 소유하는 것이 아니라 존재의 됨됨이다. 내가 누구인지를 깨닫는 정체성의 기반이며 내가 무엇을 향하여 왜 사는지에 대한 근거가 된다.

거룩을 잃어버린 청소년은 삶의 목적과 방향을 상실한다. 궁극적인 방향을 잃어버리고 삶의 기준을 상실한 채 표류하게 된다. 거룩을 상실한 청소년은 방향을 잃어버린 채 누가 더 빨리, 더 멀리 가는지에 대해 속도 경쟁을 하며 다른 친구들과 끊임없는 경쟁을 하는 것 자체가 목적이 되어 버린다. 결국은 이 세속의 가치관의 노예로 전락하여 이 세상을 변화시키기보다는 오히려 세속화되고 마는 것이다. 세상의 빛으로, 소금으로 살아서 이 세상을 변혁하기를 원하시는 하나님의 기대를 저버리고 바알을 숭상하고 맘몬을 숭배하게 되는 것이다. 세속의 가치관, 특히 입시 위주의 이데올로기에 사로잡혀 진정한 삶의 목적과 가치를 잃어버린 채 방황하는 청소년들에게 어떻게 거룩을 가르칠 수 있을 것인가?

이 글에서는 청소년교육에게 '거룩한 삶'을 어떻게 가르칠 것인지를 탐구하기 위해 먼저 오늘날의 청소년을 이해하고, 거룩의 의미를 다시금 깨달으며, 이를 청소년들에게 가르치는 교육의 과제와 방법을 파악하고자 한다.

> 목차
>
> **청소년교육에서 '거룩한 삶'을 어떻게 가르칠 것인가?**
>   1. 들어가는 말
>   2. 오늘날 청소년 이해
>   3. 거룩의 재발견
>   4. 하나님 나라의 거룩
>   5. 청소년에게 거룩을 교육하기 위한 방안
>   6. 나가는 말

오늘날 청소년들에게 회복되어야 할 가장 중요한 가치가 있다면 '거룩'일 것이다. 거룩을 잃어버린 청소년은 삶의 목적과 방향을 상실한다. 이 글에서는 청소년교육에게 '거룩한 삶'을 어떻게 가르칠 것인지를 탐구하기 위해 먼저 오늘의 청소년을 이해하고, 거룩의 의미를 다시금 깨달으며, 이를 청소년들에게 가르치는 교육의 과제와 방법을 파악하고자 한다.

62. 거룩한 교회, 다시 세상 속으로

박상진 외

한국장로교출판사

2017

총회의 주제인 "거룩한 교회, 다시 세상 속으로!"는 청소년들에게도 중요한 의미를 지닌다. 교회의 청소년교육은 청소년들을 예수 그리스도의 제자로 세워 그들을 세상 속으로 파송하는 것을 목적으로 한다. 교회의 청소년들이 '성도'로서 구별된 정체성을 지니고 거룩해지는 것이 교회교육의 일차적 과제라면 그들이 세상 속으로 들어가 빛이 되고 소금이 되어 세상을 변혁시키도록 돕는 것이 교회교육의 이차적 과제라고 할 수 있다.

이 글에서는 먼저 청소년들이 누구인지를 살피되 세상과의 관계 속에서 청소년을 이해하고, 이들이 하나님 나라의 일꾼으로 양육되고 파송되는 것이 청소년 교회교육의 목적임을 밝힐 것이다. 그리고 입시 위주의 교육 현실 속에서 기독교적으로 입시를 바라 봄으로 세상에 의해 변화당하는 것이 아니라, 어떻게 세상을 변화시키는 그리스도인이 되도록 도울 수 있을지를 파악할 것이다. 또한 이를 위해서는 청소년들을 예수 그리스도의 제자로 양육하는 제자교육만이 아니라 세상 속에서 사회적 책임을 감당하는 건강한 시민으로 세우는 기독교 시민교육이 필요함을 밝히고, 이를 위해서는 교회의 청소년부가 세상을 향한 대안적 교회공동체가 되어야 함을 주장할 것이다.

목차

'청소년을 세상 속으로 파송하는 교회교육'을 어떻게 가르칠 것인가?

1. 들어가는 말
2. 청소년은 누구인가?
3. 교회교육에서 청소년의 분리 현상
4. 청소년을 세상 속으로 파송하는 교회교육
5. 나가는 말 : 청소년부, 세상을 향한 대안적 교회공동체

교회의 청소년들이 '성도'로서 구별된 정체성을 지니고 거룩해지는 것이 교회교육의 일차적 과제라면 그들이 세상 속으로 들어가 빛이 되고 소금이 되어 세상을 변혁시키도록 돕는 것이 교회교육의 이차적 과제라고 할 수 있다.

63. 영적 부흥으로 민족의 동반자 되게 하소서

박상진 외

한국장로교출판사

2018

'거룩한 교회, 민족의 희망'이라는 총회 주제 안에는 두 가지 중요한 개념이 포함되어 있다. 하나는 '거룩한 교회'요, 다른 하나는 '민족의 희망'이다. '거룩한 교회'는 교회의 본질적 정체성으로서 '교회 됨'의 회복을 의미한다. 교회가 교회답지 않고서는 민족의 희망이 될 수 없기 때문에 먼저 거룩한 교회로서의 정체성 확립이 중요하다. 성도 한 사람 한 사람은 '거룩한 제사장'으로서 우리 개개인이 거룩한 성도가 되고, 그런 성도들의 공동체인 교회는 거룩한 교회로서의 정체성을 지녀야 하는 것이다. 그러나 거룩한 성도, 거룩한 교회로 머무는 것이 아니라 '민족의 희망'으로 나아가야 한다. 이것은 교회가 지닌 대사회적 사명으로서 교회가 폐쇄적 집단이나 사사화된 종교로 머무는 것이 아니라 사회와 소통하고 공적 영역에 대한 건강한 역할을 감당해야 함을 의미한다.

총회가 제103회기 주제를 이렇게 설정한 것은 우리 교단과 한국 교회가 처한 상황의 요청이라는 측면도 있지만, 2019년이 3·1운동 100주년을 맞이하는 해이기 때문이기도 하다. 3·1운동 당시의 한국 교회는 교인 수는 비록 많지 않았지만 '거룩한 교회'였고, '민족의 희망'이었다. 한국 개신교가 3·1운동을 주도하였을 뿐만 아니라 독립운동, 항일운동의 중심에 서 있었기 때문이다. 오직 하나님만을 두려워하는 거룩한 교회였기 때문에 일제의 압제에 굴하지 아니하고 항거할 수 있었고, 민족의 과제에 응답했기 때문에 당시 한국 교회는 민족의 희망이 될 수가 있었다. 그 3·1운동 속에서 면면히 흐르고 있는 기독교정신과 이로 인해 가능했던 사회개혁과 갱신의 원리는 오늘날 우리 사회 속에서도 적용될 수 있고, 또 적용해야 할 것이다.

어느 시대나 교회와 사회를 새롭게 하는 데는 청년의 역할이 중요하였다. 3·1운동 당시에도 청년들이 중심이 되어 항일운동이 전개되었으며, 근대사의 반독재 민주화 운동의 과정에 있어서도 대학생과 청년들이 그 중심적인 역할을 감당하였다. 인생에 있어서 청년기는 아직 세속에 때 묻지 않은 순수함이 있어서 정의에 대한 목마름이 있고, 옳은 일에 자신을 내던질 수 있는 용기가 있는 시기이다. 교회 안에서도 청년기는 자라나는 세대와 기성세대의 중간 세대이며, 이제 막 사회 생활을 시작하게 된 사회 초년병으로서 교회와 사회의 가교역할을 담당해야 할 세대라고 할 수 있다.

이 글에서는 어떻게 오늘날 한국 교회의 청년들이 '거룩한 교회'를 이루고 '민족의 희망'이 될 수 있을지, 이를 위해 어떤 신앙교육이 필요한지 탐구하려고 한다.

목차

청년들로 하여금 '거룩한 교회, 민족의 희망'이 되도록 하는 교회교육

1. 들어가는 말
2. 오늘날 한국 교회 청년 이해
3. 3·1운동과 기독교
4. 청년을 위한 기독교적 사회변혁 교육
5. '거룩한 교회, 민족의 희망' 청년교육과정
6. 나가는 말

64. 청년사역자 핸드북

박상진 외

학원복음화협의회 엮음 / 홍성사

1999

목차

청년대학부 교육과정의 방향
통합적인 교육과정
  1. 학교체제와 공동체의 통합
  2. 이성과 영성의 통합
  3. 개인 구원과 사회 참여의 통합
  4. 교회와 선교단체 통합
  5. 교육방향과 내용설정

65. 기독교 커뮤니케이션

박상진 외

기독교 커뮤니케이션포럼 엮음/예영커뮤니케이션

2004

목차

제2장 교육 커뮤니케이션의 이론
  1. 문제제기
  2. 커뮤니케이션으로서 교육
  3. 커뮤니케이션으로 본 교육의 변천사
  4. 멀티미디어 커뮤니케이션 시대의 교육의
    경향들
  5. 통전적 기독교교육 커뮤니케이션
  6. 결언

66. 한국교회 성경공부의 진단과 개선방안

박상진 외

한국성서학연구소

장로회신학대학교 기독교교육연구원

목차

한국교회 성인 성경공부에 대한 기독교교육학적 진단과 개선방안 - 영락교회, 사랑의교회, 광림교회, 여의도침례교회를 중심으로

　가. 거시적 분석 : 전체 커리큘럼 진단

　1. 커리큘럼 진단의 틀

　2. 성인 성경공부 커리큘럼에 대한 영역별 현황 분석

　　- 사랑의 교회

　　- 광림교회

　　- 여의도침례교회

　　- 영락교회

　3. 진단의 틀에 따른 교회별 현황 분석 및 개선방안

　나. 미시적 분석 : 성경공부 교재분석

　1. 성경공부 교재의 외적인 비교

　2. 성경공부 교재의 내적인 분석

　3. 종합적 평가

67. 한경직 목사의 사상과 사역

박상진 외

나눔사

2014

목차

**한경직 목사의 교회교육사역
-성육신적 교육자, 한경직 목사**
   1. 들어가는 말
   2. 한경직 목사의 교육여정
   3. 한경직 목사와 영락교회 교육
   4. 한경직 목사의 교회교육관 : 성육신적 교육
   5. 나가는 말

68. Building Communities of Reconciliation Volume I : Reflections on the Life and Teaching of Rev. Kyung-Chik Han(2012)

목차

Rev. Kyung-Chik Han's Views on Education
   1. Introduction
   2. Characteristics of the educational journey of Rev. Kyung-Chik Han
   3. Viewpoint on education of Rev. Kyung-Chik Han : incarnational education
   4. Conclusion

69. 청년 양육

박상진 외

학원복음화협의회 / 캠퍼스청년연구소

2019

목차

기독교교육학적인 관점에서 청년 제자양육에 대한 고찰

    1. 들어가는 말

    2. 청년사역의 현황

    3. 청년사역의 위기요인

    4. 청년 제자양육의 가치

    5. 청년 제자양육의 방향 : 하나님 나라

    6. 청년 제자양육의 과제 : 하나님 나라 일로 세우기

    7. 하나님 나라를 추구하는 청년 제자양육

    8. 나가는 말

70. 주의 말씀은 내 발의 등이요

박상진 외

장로회신학대학교 출판부

2008

목차

마라의 쓴물

    (출 15 : 22-26)

    1. 그대 정말 쓴물이었던가?

    2. 쓴물 들여다보기

    3. 십자가로 단물이 되는 인생

    4. 단물로 바꾸는 나무가 되어

71. 기독교 문화, 소통과 변혁을 향하여

박상진 외

문화선교연구원 / 예영커뮤니케이션

2005

목차

"'문화연구'의 '다원주의적 인본주의'에 관한 소고"에 관한 논찬

1. 기독교적 커뮤니케이션의 한계와 구현을 위한 세 가지 시사점
2. 다양한 문화현상과 기독교 커뮤니케이션의 대안
3. 다양한 기독교세계관에 대한 관심
4. 민속지학적 연구방법에 대한 기독교적 접근

기독교교육의 현장에서 기독교교육과정이 어떠해야 할지를
고민하고 씨름하는 그 여정은
나에게 있어 여전히 진행형이다.

Ⅳ. 기독교 부모 / 교사 교육의 **여정**

72. 은혜 가문 세우기   73. 성경 속에 나타난 하나님의 학습법   74. 교회학교 부흥을 위한 교사교육의 새로운 패러다임   75. 유바디 교육목회   76. 믿음의 자녀 키우기   77. 하나님 앞에서 공부하는 아이   78. 기독학부모교실   79. 기독학부모교실 2차 개정판   80. 기독학부모교실 3차 개정판   81. 한국 기독학부모의 정체성과 역할   82. 학부모의 당연한 권리, 학교선택   83. 하나님이 기뻐하시는 가정   84. 베델성서연구 자녀 교육편   85. 생명의 성령님이 역사하시는 하나님의 나라와 가정   86. 청년 사역자를 위한 베스트 설교   87. 하나님 닮은 부모학교 - 지도자용 / 부모용   88. 예닮교사의 법칙: 다음세대를 작은 예수로 세우는   89. 한국교회의 영적 부흥과 리더십

72. 은혜 가문 세우기

박상진 저

두란노

2006

영파 박용묵 목사님, 나의 아버지이며 내 생애에 있어서 가장 큰 영향을 끼친 분이다. 하나님의 부르심을 받아 이 세상을 떠나신 지 십오 년의 세월이 흘렀지만, 기도 방석 위에 앉아 몇 시간이고 기도하시던 아버지의 모습은 아직도 너무나 생생한 이미지로 남아 나를 계속 형성해 가고 있다. '부모의 이미지가 자녀를 교육한다.' 이것이 자녀교육에 대한 나의 분명한 믿음이다. 그의 삶이 하나의 이미지가 되어 내 가슴에 새겨져 있다. 지금도 아버지의 이미지를 떠올리면 내 눈에 눈물이 맺히고 내 가슴이 따뜻해진다. '나도 그렇게 살아야 될 텐데……'

부모의 이미지는 생전에만 영향을 끼치는 것이 아니라 평생 동안 지속된다. 아버지께서 나에게 들려 주신 교훈의 내용만이 아니라 비록 침묵 속에서도 그 눈길과 몸짓, 그리고 무언의 표정들과 존재 자체가 소리 없는 힘이 되어 내 삶의 구석구석에 영향을 미치고 있다.

이 책은 행복한 나의 아버지와의 동행에 독자들을 초대하기 위해 쓰였다. 내 삶을 돌아보며 베일에 감추졌던 나의 어린 시절과 나의 가족들을 드러내는 것이기에 쑥스럽기도 하고 부끄럽기도 하여 처음에는 주저하였었다. 그러나 아버지의 자녀교육으로부터 누리게 된 복은 혼자 누리기에는 너무 벅찬 것이어서 나누고 싶은 마음으로 용기를 내었다.

나는 나의 아버지의 자녀교육이 완벽했다고 생각하지는 않는다. 하나님 외에 온전한 부모가 이 땅에 어디에 있겠는가? 그러나 하나님 아버지를 닮아 가려고 노력하는 우리 아버지의 뒷모습은 자녀들로 하여금 그 길을 따라가려는 소원을 갖게 했다. 가정은 완벽한 사람들의 모임이 아니라 부족한 사람들의 모임이지만 하나님의 형상으로 빚어져 가는 공동체이다. 이 빚어져 가는 과정, 변형되어 가는 여정을 나누고 싶은 것이다. 이 책을 나의 아버지 영파 박용묵 목사님과 이름 없이 빛도 없이 사모로서 아버지를 내조하며 우리들을 정결하게 키워주신 어머니 이분례 사모님께 바친다. 그리고 이 책이 지금도 부모로서의 부족함을 아파하며 자녀들을 위해 기도하는 모든 부모에게 새로운 용기를 줄 수 있기를 바란다. 끝으로, 세월이 갈수록 가정의 행복을 더 깊이 느끼게 해 주는 아내 인혜와 딸 예정에게 고마움을 전한다.

목차

프롤로그_아버지의 기도 방석
1. 어노인팅-예배하는 가정이 하나님의 은혜 가문입니다
  탄생을 감사하라
  사랑은 직접적으로 훈계는 간접적으로 하라
  선한 경쟁으로 형제애를 심어 주라
  기도로 하나님을 경험케 하라
  신앙의 자부심을 길러 주라
  예배를 기대하게 하라
  훈계는 하나님에 대한 경외로 이어지게 하라
  일하는 현장을 자녀에게 공개하라
  가정의 결정에 자녀들을 참여시키라

2. 이미지-부모가 하나님의 형상으로 서는 가정이 하나님의 은혜 가문입니다
  열정적 기도자가 되라
  몸으로 전하는 사랑을 가르치라
  언행일치의 삶을 보여 주라
  지면서 이기는 법을 가르치라
  자녀의 가슴에 웃음을 남겨라
  화평의 금실을 자랑하라

공부하는 모습을 보이라

3. 커뮤니케이션-의견을 나누고 서로 존중하는 가정이 하나님의 은혜 가문입니다
가족의 약속을 세워라

자녀의 결정을 기다려 주라

세계적인 무엇을 꿈꾸게 하라

사랑을 100% 표현하라

마음을 읽고 반응하라

해가 지도록 분을 품지 않도록 하라

신앙의 정체성을 갖게 하라

4. 비전-하나님의 꿈을 세우는 가정이 하나님의 은혜 가문입니다
자녀의 재능을 칭찬하라

자녀의 능력을 믿어 주라

자녀의 결정을 축복하라

자신감을 심어 주라

자녀를 곤란에 빠뜨리지 마라

자신의 소중함을 느끼게 하라

가능성의 불꽃에 점화하라

성령 체험을 사모하게 하라

부모의 존귀함을 알게 하라

실패에 낙심하지 않게 하라

가정의 고난에 함께 기도하게 하라

슬픔 중에 하나님을 의뢰하게 하라

스스로 재능을 발견하게 하라

좌절 속에서 희망을 갖게 하라

5. 미션-복음을 넉넉히 전하는 가정이 하나님의 은혜 가문입니다
부흥, 아버지의 평생 소명을 보여 주라

자랑스러운 은퇴 모습을 보여 주라

선교의 비전을 심어 주라

천국의 소망을 심어 주라

에필로그_기도 방석 위의 자녀들

73. 성경 속에 나타난 하나님의 학습법

박상진 저

두란노

2010

　　오늘날 한국 사회의 가장 심각한 문제는 교육이다. 입시 위주의 파행적인 교육이 이제 그 도를 넘어섰고, 과도한 사교육은 자녀들과 부모들 모두에게 고통을 안겨 주고 있다. 여기에는 기독교 가정도 예외가 아니다. 그리스도인 부모들도 그들의 자녀를 입시 위주의 교육과 사교육 시장에 내맡긴 채 고통의 교육에 동참하고 있다. 한국 교회는 이 왜곡된 교육 현실을 해결하기 위한 노력을 기울이기보다는 오히려 입시와 사교육의 포로가 된 것은 아닌가 싶을 정도로 무기력해 있다.

　　많은 그리스도인 부모와 그리스도인 교사와 목회자들이 오늘날 한국의 입시와 사교육의 현실이 잘못되어 있음을 알고 있고 그 심각성을 느끼고 있다. 그러나 진정으로 이 교육 문제를 해결할 수 있는 대안이 무엇인지를 찾지 못해 왜곡된 교육 현실 속에 머물러 있다. 과연 대안이 없을까? 있다면 그 대안은 무엇일까?

　　기독교교육의 본질을 회복해야 한다. 다시금 성경으로 돌아가 자녀 교육에 있어서 하나님의 원리가 무엇인지를 깨달아야 한다. 이것은 자녀 교육에서의 '거듭남'(born again)이다. 지금까지의 세속적인 자녀 교육에서 돌이켜 하나님의 교육으로 나아가야 한다.

성경은 너무나도 분명하게 자녀 학습의 원리를 말하고 있다. 성경은 단지 우리 자녀들이 교회에 열심히 다니고 좋은 신앙을 갖게 하기 위해 쓰인 책이 아니다. 성경은 자녀들의 학업과 진정한 의미의 자녀 교육의 성공에 대해서도 이야기하고 있다. 하나님은 반지성주의자가 아니시다. 하나님은 자녀들이 지혜로워지고 멋진 하나님 나라의 일꾼으로 쓰임 받기를 원하신다. 성경적 자녀 학습 원리에 충실할 때 우리 자녀들이 왜곡된 교육으로부터 '엑소더스'(exodus) 할 수 있을 뿐 아니라 이 사회의 입시와 사교육 문제를 해결할 실마리가 풀리기 시작할 것이다.

하나님의 학습법은 집을 짓는 것과 같다. 부모의 생각과 태도가 변화되어 자녀들로 하여금 성경의 원리대로 공부하도록 돕는 과정이다. 성경 속에 나타난 하나님의 학습법은 5개의 원리로 구성되어 있다. 첫째는 기초 닦기로서 '여경지근의 원리'다. 여호와를 경외하는 것이 지식의 근본임을 분명히 깨닫는 과정이다. 집을 짓는 모든 과정은 이 기초 위에 진행된다. 둘째는 왼쪽 기둥 세우기로서 '자기주도적 학습의 원리'다. 스스로 공부하는 성경적 원리다. 셋째는 오른쪽 기둥 세우기로서 '꿈과 비전의 원리'다. 공부의 목적과 방향을 확고히 세우게 된다. 넷째는 왼쪽 지붕 덮기로서 '집중의 원리'다. 허공을 맴도는 공부가 아니라 초점을 맞춘 공부의 태도를 갖춘다. 다섯째는 오른쪽 지붕 덮기로서 '신뢰의 원리'다. 성경적 자녀 교육은 믿음의 교육이다. 믿고 기다리고, 기도하며 격려하는 공동체를 이루게 된다.

하나님은 성경 속에 엄청난 자녀 교육의 축복을 예비해 두셨다. 그것이 바로 성경 속에 나타난 하나님의 학습법이다. 자녀가 하나님의 원리대로 학습할 수 있도록 도울 때, 자녀는 공부만 잘하는 것이 아니라 신앙과 태도와 학업이 연계되어 하나님의 일꾼으로 성장할 수 있다. 세속의 교육은 성적만 높이느라 신앙과 태도를 상실하게 하고, 결국은 성적마저 높이지 못하고 자녀 교육의 실패를 경험하게 한다.

하나님의 학습 원리는 오늘도 살아 있다. 하나님은 그 원리를 깨닫고 오늘의 자녀 교육에 적용하기를 원하는 부모를 찾고 계신다. 우리 그리스도인 부모들이 노아처럼 묵묵히 순종하며 성경의 원리대로 자녀 교육의 집을 짓기를 원하신다. 기독교 가정부터 성경적 자녀 학습을 세워 나갈 때 자녀 교육은 물론 가정의 신앙이 회복될 것이고, 이 땅의 입시와 사교육 문제도 얼음이 녹듯이 해결되기 시작할 것이다.

> ### 목차
>
> #### 1부 여경지근의 원리
> **돌아보기** 여호와를 경외하는 것이 지식의 근본이다 / 왜 여호와 경외가 지식의 근본인가? / 신앙과 태도와 학업은 더불어 성장한다 / 자녀 교육에 대한 오해
> **회복하기** 가정예배로 교육하자 / 말씀으로 교육하자 / 부모의 삶을 통해 교육하자 / 진정한 그리스도인 부모가 되자
>
> #### 2부 자기주도적 학습의 원리
> **돌아보기** 스스로 뜻을 정하자 / 영향력 있는 부모가 되자 / 학습에 초점을 맞추자 / 비교하지 말자 / 공부는 자녀 스스로 해야 한다
> **회복하기** 엄마 주도적 학습을 넘어서자 / 자녀 스스로 공부하는 시간이 필요하다 / 자녀의 자긍심을 높여 주자 / 사교육을 통솔하자 / 자녀 교육을 적절하게 지도하자
>
> #### 3부 꿈과 비전의 원리
> **돌아보기** 비전을 품으라 / 비전은 저마다 특별하다 / 자녀의 은사를 계발하자 / 자녀가 잘하는 것에 주목하자
> **회복하기** 목적을 알아야 공부가 잘된다 / 자녀의 은사에 불을 붙이자 / 은사를 발견하고 계발하는 방법 / 마음껏 칭찬하자
>
> #### 4부 집중의 원리
> **돌아보기** 집중하는 삶이 중요하다 / 예배에 집중하면 공부에도 집중하게 된다 / 마음이 평온해야 집중할 수 있다 / 쉬어야 집중할 수 있다
> **회복하기** 집중을 방해하는 요인 / 정서적 안정이 중요하다 / 몸이 건강해야 뇌도 건강하다 / 선행 학습은 집중력을 떨어뜨린다 / 노는 것도 집중에 효과가 있다 / 재미, 흥미, 의미로 즐겁게 몰입하게 하라
>
> #### 5부 신뢰의 원리
> **돌아보기** 신뢰를 잃어버린 시대 / 하나님을 신뢰하자 / 하나님의 교육 원리를 신뢰하자 / 학교와 교사를 신뢰하자 / 자녀를 신뢰하자 / 변화 가능성을 신뢰하자
> **회복하기** 자녀를 위해 기도하자 / 하나님이 원하시는 기도를 드리자 / 자녀를 믿고 기다리자 / 공동체를 세우자 / 가정과 교회와 학교는 더불어 움직인다 / 입사기 운동

74. 교회학교 부흥을 위한 교사교육의 새로운 패러다임

박상진 저

예영커뮤니케이션

2007

한국교회의 가장 심각한 위기는 교회학교의 위기이다. 교회학교의 침체는 단지 교회학교만의 문제가 아니다. 한국교회의 '신앙의 대 잇기' 위기라고 할 수 있다. 한국교회의 가장 중요한 사명은 신앙의 대를 이어 가는 것이다. 우리의 믿음의 선조들은 그 가난과 핍박 속에서도 우리 세대에게 신앙을 전수하여 주었는데, 우리가 과연 우리의 다음세대에 신앙을 제대로 전수할 수 있을지에 대해 의문이 제기되고 있다. 혹자는 다음세대에도 저절로 전 국민의 사분의 일 정도는 기독교인이 될 것이라고 생각한다. 그것은 오해요 지나친 낙관론이다. 교회학교 교육에 대해 관심을 갖고 기도하며 투자하고 노력하지 않는다면 서구 기독교의 몰락을 우리도 경험할 수 있다. 그렇기 때문에 진정한 한국교회의 부흥은 교회학교의 부흥에 달려 있다. 내일의 부흥, 다음세대의 부흥이 기약되지 않는 부흥은 사실은 부흥이 아닌 것이다.

다음세대의 부흥이 누구에게 달려 있는가? 교회학교 교사이다. 교육의 질은 교사의 질에 달려 있고, 교회학교의 부흥은 교사의 부흥에 달려 있다. 어떻게 복음적인 열정과 사랑이 충만하고, 영성과 전문성을 갖춘 교사를 양성할 수 있을까? 좋은 교사는 태어나는 것이 아니라 교육과 훈련을 통해 형성되어진다. 하나님이 기뻐하시는 교사를 양성하고 교육하는 일은 교회의 핵심적 사명이다. 왜냐하면 교사다운 교사가 교회학교를 부흥시킬 수 있고, 교회학교를 부흥시키는 것이 한국교회와 민족의 부흥을 가능케 하는 열쇠가 되기 때문이다. 이 책은 바로 이 부분에 초점을 맞추고 있다. 전통적인 교사교육으로는 교사의 부흥과 교회학교의 부흥을 기대할 수 없다. 교회학교의 부흥을 위해서는 교사교육의 새로운 패러다임이 요청된다. 단지 학교식 교사를 추구하는 스승모델로는 다음 세대의 부흥을 기대할 수 없다. 이 책은 이러한 교회학교 부흥을 가능케 하는 교사교육의 새로운 패러다임으로 독자들을 초대한다.

이 책은 소망교회(담임 김지철 목사)가 지원하는 연구비에 의해 수행되어졌고, 장로회신학대학교가 개최하였던 '소망신학포럼'에서 발표되었던 연구물을 단행본으로 출간한 것이다. 모든 영광을 하나님께 돌리고 소망교회 김지철 목사님과 교우들께 깊은 감사를 드린다. 그리고 장로회신학대학교의 총장님과 교수님들, 그리고 함께 기독교교육의 여정을 동행하는 사랑하는 가족들과 모든 동역자들, 기독교교육학도들에게 감사를 드리고, 지금도 이름 없이 빛도 없이 교회학교에서 교사로 묵묵히 수고하시는 모든 분들께 이 책을 바친다.

목차

1부 한국교회 교회학교의 침체현상과 교사교육
   Ⅰ.교회학교의 침체현상과 교사요인
2부 교사교육의 이론적 배경과 한국교회 교회학교 교사교육 현황분석 및 평가
   Ⅱ.교사교육의 이론적 배경
   Ⅲ.교회학교 교사교육 현황분석
   Ⅳ.전통적인 교회학교 교사교육의 평가
3부 교회학교 교사교육의 대안으로서 리더십 모델
   Ⅴ.교사교육에 대한 새로운 접근 : 리더십 개발로서의 교사교육
   Ⅵ.교회학교 영적 부흥을 위한 교사교육의 새로운 패러다임 : 리더십 모델

75. 유바디 교육목회

박상진 저
장로회신학대학교출판부
2020

언제부터인가 한국교회에서 '다음세대 위기'라는 말은 낯익은 단어가 되었다. 너무나 익숙한 언어가 되어 이제는 위기감을 느끼지 않으면서 그 용어를 사용하게 된다. 다음세대 위기가 일상화되면서 위기를 위기로 느끼지 못한 채 둔감해지고 있는 것이다.

이제는 더 이상 다음세대가 위기임을 힘주어 강조할 필요는 없을 것이다. 모두가 인정하며 느끼며 경험하고 있는 현실이기 때문이다. 중요한 것은 위기의 해결책이며 진정한 대안이다. 도대체 한국교회의 다음세대의 위기를 어떻게 극복할 수 있을 것인가? 한국교회가 지속 가능하기 위한 방안은 무엇인가? 이 책은 그 질문에 대한 해답을 제공하기를 원한다.

필자가 교육학을 전공하고 교회교육에 뛰어든 지 45년째 접어들고 있다. 교육전도사, 교육담당 부목사, 담임목사, 장로회신학대학교 기독교교육연구원 책임연구원, 교회교육 편집인, 대한예수교장로회(통합) 총회 GPL 공과개발 책임연구원, 장로회신학대학교 기독교교육학 교수, 기독교학교교육연구소장, 기독교학교정상화추진위원회 운영위원장, 한국기독교교육학회 회장, 입시사교육바로세우기 기독교운동 공동대표, 쉼이있는교육 공동대표 등의 일을 감당해 오면서 다음세대 위기 극복의 진정한 대안으로 깨닫게 된 것이 바로 유바디 교육목회이다.

유바디 교육목회는 일종의 종착역과 같다. 필자의 기독교교육의 여정이 마침내 다다른 항구인 셈이다. 기나긴 여정 가운데 이런저런 섬에 잠시 정박하듯이 여러 가지 기독교 교육적 대안을 제시하기도 하였지만, 목회 전체가 다음세대 지향적인 유바디 교육목회야말로 가장 최선의 대안이라고 할 수 있다. 부모를 자녀교육의 주체로 세우면서도 디모데가 바울을 만났던 것처럼 진정한 영적 스승을 만날 수 있도록 돕는 교육목회이다. 교회와 가정이 연계될 뿐 아니라 학업까지 연계하는 삼위일체 교육목회이기도 하다. 이제 한국교회가 이 유바디 교육목회를 실천함으로 위기의 다음세대를 축복의 다음세대로 세울 수 있기를 바라고, 단지 다음세대의 수적인 증가만이 아니라 이들을 진정한 하나님 나라의 일꾼으로 양성할 수 있기를 소망한다.

유바디 교육목회를 위해 그동안 애쓴 기독교학교교육연구소의 노현욱 박사, 이종철 박사, 도혜연 실장을 비롯한 연구원들에게 감사를 드리고, 이 연구를 할 수 있도록 지원해 주신 순교자김상현목사가족기념사업회에 감사드린다. 마지막으로 이 책을 출판하도록 허락해 주시고 아름답게 다듬어 주신 장로회신학대학교출판부 담당자에게 감사의 말씀을 전한다.

목차

제1장 왜, 유바디 교육목회인가?
제2장 유바디 부모 이해
제3장 유바디 자녀 이해
제4장 유바디 학업 이해
제5장 유바디 교회교육
제6장 유바디 교육목회의 방향
제7장 유바디 교육목회의 실제

76. 믿음의 자녀 키우기

박상진 외

두란노

2010

교회 다니는 학부모는 많지만 진정한 기독학부모는 많지 않다. 그래서 신앙적인 관점으로 자녀를 바라보며 자녀교육도 믿음 안에서 행하는 부모가 참 귀하다. 주일 아침에도 자녀를 교회학교에 보내지 않고 학원에 보내는 부모가 점점 많아지는 이때, 하나님의 방식대로 자녀를 교육하려는 부모가 너무나 귀하게 느껴진다. "여호와를 경외하는 것이 지식의 근본"(잠 1:7)임을 믿고 말씀대로 자녀를 교육하려는 부모들이 점점 더 많아지기를 기대한다.

그런데 자녀를 위한 기독교교육은 부모의 결심만으로는 불충분하다. 자녀들에게 기독교교육의 열매가 나타나기 위해서는 부모가 자녀의 생각과 태도, 습관이 올바르게 형성되도록 도와주어야 한다. 이 책은 부모의 교육이 하나님이 기뻐하시는 모습으로 변화될 수 있도록 기획되어 있다.

우리의 삶은 여행과 같다. 자녀교육도 마치 부모가 자녀와 함께 떠나는 여행과 같다. 하나님은 우리에게 자녀라는 여행의 동반자를 주셨다. 이 책은 부모가 자녀와 함께 여행을 떠나듯이 열두 가지 주제에 맞추어 기독교교육을 할 수 있도록 구성되어 있다. 또한 열두 가지 주제를 모두 공부한 후에는 가족 여행을 다녀올 것을 제안하고 있다. 자녀와 함께 떠나는 이 아름다운 여행에 부모와 자녀 모두를 초대한다. 이 책이 부모와 자녀가 함께 하는 여행에 필수적인 길잡이가 되기를 바란다. 자녀들의 기독교교육을 어떻게 도울 수 있을지를 고민하는 기독학부모들의 갈증이 이 책을 통해 해갈될 수 있기를 기대한다.

이 책의 집필에 참여해서 귀한 수고를 아끼지 않은 기독교학교교육연구소 기독학부모 팀의 신은정 목사를 비롯한 배윤성, 김지현, 도혜연 연구원에게 깊은 감사를 드리며, 이 책을 통해 이 땅에 하나님의 교육이 아름답게 펼쳐지기를 소원한다.

목차

첫 번째 여행 나는 누구일까요? - 나를 찾아 떠나는 여행
두 번째 여행 예수님은 어떤 분일까요? - 예수님을 알아 가는 여행
세 번째 여행 집에서도 예배를 드려야 해요? - 예배 안으로 떠나는 여행
네 번째 여행 학교에서 무엇을 배우나요? - 지혜를 캐내기 위해 떠나는 여행
다섯 번째 여행 공부는 왜 해야 하나요? - 꿈을 찾아 떠나는 여행
여섯 번째 여행 선생님과 친구들을 사랑하나요? - 벽을 허무는 여행
일곱 번째 여행 공부는 꼭 잘해야 하나요? - 공부 습관을 세우는 여행
여덟 번째 여행 성령의 열매가 뭐예요? - 성령의 열매를 따라 떠나는 여행
아홉 번째 여행 내 성품은 어떤가요? - 성품을 훈련하는 여행
열 번째 여행 내 달란트는 무엇일까요? - 황금 달란트를 찾아 떠나는 여행
열한 번째 여행 학교생활이 즐거운가요? - 행복한 학교생활을 가꾸는 여행
열두 번째 여행 하나님께서 우리 학교를 기뻐하실까요? - 건강한 학교를 가꾸어 가는 가족 여행

77. 하나님 앞에서 공부하는 아이

박상진 외

좋은씨앗

2011

"오늘의 교육 현실, 이것은 아니지 않은가?" 지난 30여 년 동안 품고 있던 질문이다. 하나님이 기대하시는 교육과 너무나 괴리된 교육 현실을 보면서 안타까웠다. 그러나 그 교육을 바꾸기에는 왜곡이 워낙 강하고 깊었다. '교육'이라는 단어만 봐도 눈물이 났지만 그 교육을 변화시킬 수 있을지에 대한 확신이 부족했다.

왜곡된 우리 교육의 한복판에 입시와 사교육 문제가 자리 잡고 있다. 아무리 정권이 바뀌고 대통령이 바뀌어도 해결하지 못한 교육 문제의 뿌리이다. 우리 교육의 문제는 줄기나 꽃의 문제라기보다는 뿌리의 문제이다. 그것이 암 덩어리처럼 교육의 심연에 뿌리 박혀서 모든 교육을 마비시키고 있다. 입시와 사교육의 문제를 어떻게 해결할 수 있을 것인가? 입시·사교육의 문제는 학교교육을 왜곡시킬 뿐만 아니라 교회교육을 파행으로 몰아간다. 입시 위주의 교육과 사교육 팽창은 교회학교를 위축시키는 가장 큰 요인이 되고 있다.

교회 다니는 부모들마저 주일 아침에도 자녀들을 학원에 보내는 것이 흔한 일이 되어 버렸다. 입시와 사교육 문제가 가정을 황폐화시키고 있다. 과연 한국에 기독교 가정이 있는가? 하나님이 가정을 창조할 때 가지고 계셨던 청사진 그대로의 모습을 이루고 있는 가정은 몇이나 되는가? 입시와 사교육은 교회와 가정, 학교를 왜곡시키고 기독교교육의 근본을 뒤흔들고 있다. 어떻게 교육의 이 쓴 뿌리를 뽑을 수 있으며 암 덩어리를 들어낼 수 있을 것인가?

입시·사교육의 문제는 단지 교육 문제이거나 사회 문제가 아니라 영적 문제이며 신앙의 문제이기도 하다. 그것은 분명 가치관 싸움의 현장이다. 하나님을 믿는 가치관과 불신앙의 가치관이 충돌하고 있다. 불행히도 그동안 입시와 사교육에 대한 기독교적인 관점에 대해 논의가 거의 없었다. 오히려 세속의 관점이 교회 속으로 들어와서 교인들마저 기독교의 가치관에 따라 자녀를 교육하는 것이 아니라 옆집 아주머니 말에 휘둘리고 있는 실정이다.

'교회 다니는 부모'는 많지만 진정한 의미에서 '그리스도인 부모'를 찾기가 어렵다. 기독교학교교육연구소에서는 두 해에 걸쳐서 입시에 대한 기독교적 접근을 연구했고 그 결과를 두 권의 책으로 발간했다. 『입시에 대한 기독교적 이해』와 『입시에 대한 기독교적 대응 방안』이다.

놀라운 것은 하나님이 비전의 동역자들을 예비해 두셨다는 사실이다. 직장사역연구소의 방선기 목사는 직장인 사역을 하면서 그들 가정의 가장 심각한 문제가 입시와 사교육 문제임을 간파하고 있었다. 좋은교사운동의 정병오 대표는 기독교사운동을 하면서 입시와 사교육 문제를 넘지 않고서는 기독교적 교육이 가능하지 않음을 뼈저리게 느끼고 있었다. 이들과 만나면서 '입시·사교육 바로세우기 기독교운동'이 출범되었고, 지난 몇 해 동안 이들과 함께하면서 공동체가 얼마나 강하고 아름다운가를 경험할 수 있었다. 이 책은 우리의 비전을 담고 있다. 색채는 약간씩 다르지만 우리가 분명하게 공유하는 비전이 있다. 한 줄기 빛이 스펙트럼으로 나타나고 그 스펙트럼이 다시 강한 한 줄기 빛으로 합해지는 것과 같다.

기독교 언론인 『기독공보』의 '입시·사교육을 바로 세웁시다'라는 칼럼에 그동안 연재한 글들을 주제별로 모았다. 이 글들은 우리의 탄식과 안타까움, 반성과 회개, 그리고 변혁을 위한 소망과 기도를 담고 있다. 이 책은 일종의 비전 초대장이다. 이 땅의 교육에 애통함이 있는 사람들, 그래서 하나님의 교육을 소원하는 사람들을 찾아내 동역의 길로 초대한다.

이 책은 올바른 자녀교육을 꿈꾸는 모든 부모들과 이 땅에 하나님의 교육을 이루길 원하는 모든 교사들을 위해 쓰였다. 또한 잠자는 교인들, '교회 다니는 부모'들을 일깨워 진정한 그리스도인 부모로 세워 교육의 영역에서 하나님 나라를 이루기 원하는 한국교회의 모든 목회자들에게 일독을 권한다.

입시 위주의 교육과 사교육 팽창의 문제는 해결될 수 있다. 오직 하나님의 방식대로 자녀를 교육하리라고 다짐하는 부모들과 교사들, 목회자들만 있다면.

목차

1장 우리 사회의 고질병, 입시 사교육
2장 교육, 관점부터 바꿔라
3장 부모, 욕심을 버려라
4장 학교, 돌파구를 찾아라
5장 교사, 희망을 심어라
6장 교회, 비전을 제시하라

기독교 언론인 『기독공보』의 '입시·사교육을 바로 세움시다'라는 칼럼에 그동안 연재한 글들을 주제별로 모았다. 이 글들은 우리의 탄식과 안타까움, 반성과 회개, 그리고 변혁을 위한 소망과 기도를 담고 있다. 이 책은 일종의 비전 초대장이다. 이 땅의 교육에 애통함이 있는 사람들, 그래서 하나님의 교육을 소원하는 사람들을 찾아내 동역의 길로 초대한다.

78. 기독학부모교실

박상진 편저

예영커뮤니케이션

2007

지난 2005년 11월 창립된 기독교학교교육연구소는 학교 교육의 영역에서 하나님 나라를 확장하고자 다양한 노력을 기울이고 있다. 그중에서 특히 소중하게 생각하는 일이 있는데 바로 '기독학부모교실'이다. 기독학부모들이 자신의 정체성을 확립하고 기독교교육의 주체로서 참여하고 기독교학교교육을 지원한다면 놀라운 변화가 가능하기 때문이다. 교육의 주체는 정부도 교육인적자원부도 시, 도, 교육청도 아닌 바로 학부모들이다. 구약성경 신명기 6장 4~9절과 신약성경 에베소서 6장 4절의 말씀처럼, 부모에게는 자녀 교육의 책임과 사명이 있다. 기독학부모는 자녀를 기독교교육으로 양육해야 할 책임이 있다. 자녀를 교회학교에 보낼 뿐 아니라 학교에서 이루어지는 교육에 대해서도 기독교적 관심을 갖고 교육해야 하는 것이다.

그런데 한국의 기독학부모들의 모습은 어떠한가? 한국교회의 성도 대부분이 학부모이지만 자녀 교육이나 학교 교육에 대해서 기독교적인 가치관을 확립하고 이를 실천하고 있는 경우는 많지 않다.

그들이 예수 그리스도를 주로 고백하는 그리스도인이지만 교육에 대해서는 여전히 세속적인 생각과 태도를 갖는 경향이 있다. 기독교인 학부모라고 하지만 '하나님의 일꾼'으로 양성하는 것에 우선적인 목적을 두기보다는 '일류 대학'에 들어가는 것 자체가 목적이 되어 버린다. 복음을 알지 못하는 사람들과 다를 바 없이 획일적인 경쟁주의에 자식을 내몰며 성품이나 인격의 성숙에는 무관심한 채 다른 사람의 자녀보다 내 자녀가 앞서기만을 바라는 그릇된 교육열에 사로잡히는 경우도 있다. 자녀에게 허락하신 하나님의 은사와 재능을 잘 발견하고 이를 개발하여 하나님 나라에 공헌할 수 있도록 하기보다는 세상의 평판과 기준대로 판에 박힌 듯한 교육을 강요하기도 한다.

이제는 기독학부모들이 참된 기독교인으로서 세속적 가치관으로 교육을 대하는 것이 아니라 기독교적으로 생각하고 판단하고 실천하는 변화가 필요하다. 아무리 기독교학교가 세워지고 기독교사들이 노력한다고 하더라도 학부모들의 세상적인 가치관과 자녀에 대한 그릇된 욕심이 바뀌지 않는다면 기독교교육은 왜곡될 수밖에 없다. 기독학부모들이 기독교적 신앙과 기독교적 세계관에 입각해서 교육을 바라보고 자녀들을 대할 수 있어야 한다. 기독학부모로서의 삶은 개인적인 차원도 중요하지만 공동체적 차원도 중요하다. 나 혼자 좋은 기독학부모가 되는 것보다 더 많은 기독교인 학부모들이 기독학부모로서의 정체성을 확립하고 공동체를 이루게 될 때 교육의 영역에서 하나님의 나라가 확장될 수 있다.

기독교인 교사들이 각성하고 기독교사의 정체성을 회복하여 '기독교사운동'을 담당하게 될 때 학교 현장을 변화시켜 나가듯이, 기독교인 부모들이 '기독학부모운동'을 통해 교육의 영역에 기독교적 영향력을 발휘할 수 있다.

안타깝게도 한국에서는 기독학부모 운동을 찾아볼 수 없다. '전교조'를 비롯한 다양한 교사 단체들이 활동하고 있고 이를 통한 교사 운동은 활발한 편이지만 학부모 운동 자체가 취약하며, 더욱이 기독학부모 운동은 전무하다고 해도 과언이 아니다. 한국교회의 기독교인 학부모들을 깨워 기독학부모로서의 사명을 감당케 하고, 이를 공동체적인 기독학부모 운동으로 발전시키는 것은 전체 기독교교육 운동에 크게 공헌할 것이 분명하다. 이제 막 시작한 '기독학부모교실'이 마치 겨자씨처럼 작지만 점점 자라서 나중에는 새가 깃드는 나무가 되듯이, 이 땅의 암울한 교육 현실을 변화시키는 '기독학부모운동'으로 성숙하여, 지치고 병든 이 땅의 아동과 청소년들이 진정한 교육의 축복을 누릴 수 있게 되기를 소망한다.

끝으로 기독학부모교실 교재가 발간되기까지 기쁨으로 수고의 땀을 흘리며 저와 함께 집필해 주신 최정민 목사님, 이해주 목사님, 그리고 배윤선, 김지현, 신은정, 신혜진 연구원님들과 아낌없이 연구를 지원해 주신 영락교회 학원선교부 여러분께 깊은 감사를 드린다.

목차

1. 첫 번째 여정, 기독학부모는 누구인가
　"네가 어디 있느냐"(창 3:9)
2. 두 번째 여정, 기독학부모의 교육보기
　"하나님의 말씀을 따라"(창 12:1-4)
3. 세 번째 여정, 기독학부모의 자녀 이해
　"우리가 그에게 어떻게 행하오리까"(삿 13:12)
4. 네 번째 여정, 여호와 경외 교육
　"여호와를 경외하는 것이 지식의 근본이거늘"(잠 1:7)
5. 다섯 번째 여정, 성품교육
　"하나님의 형상대로"(창 1:27)
6. 여섯 번째 여정, 학업과 은사 이해
　"다니엘은 뜻을 정하여"(단 1:8)
7. 일곱 번째 여정, 기독학부모와 학교
　"같은 사랑을 가지고 뜻을 합하라"(빌 2:2)
8. 여덟 번째 여정, 기독학부모 운동과 하나님 나라
　"일어나라 빛을 발하라"(사 60:1)

79. 기독학부모교실 2차 개정판

박상진 편저

예영커뮤니케이션

2017

기독교학교교육연구소가 기독학부모교실을 개설한 지 10년의 세월이 흘렀다. 그동안 전국의 많은 교회와 학교에 기독학부모교실이 개설되었고, 수많은 부모님들이 이 과정을 수료하였다. 작은 겨자 씨앗처럼 심겨졌는데 이제는 공중의 새들이 깃드는 나무가 되었다. 모든 영광을 하나님께 돌린다. 기독학부모교실을 통해서 많은 부모들이 더 이상 '교회 다니는 부모'가 아니라 진정한 기독학부모로서의 정체성을 회복하고 성경적 자녀 교육을 실천하는 부모로 새롭게 태어나고 있다.

"나는 기독학부모입니다." 이 고백은 자녀 교육에서도 예수 그리스도를 주로 믿고 행동하는 신앙회복운동이며, 교육실천운동이다. 기독학부모들의 이러한 아름다운 변화 운동은 이 땅의 황폐하고 왜곡된 교육을 '하나님의 교육'으로 변혁시켜 나갈 것이다.

기독학부모교실 교재를 오늘 이 시대에 맞게 새롭게 수정하고 보완하여 재개정판으로 출간한다. 내용도 보다 알차게 다듬고, 풍성한 나눔이 이루어질 수 있도록 자료도 보충하였다. 이 재개정판이 나오기까지 기독교학교교육연구소의 연구원들이 많은 수고를 하였다.

도혜연 기독학부모 팀장을 비롯해 이종철, 신은정, 배윤선 연구원에게 감사를 드린다. 그리고 기독학부모교실을 개설하고 후원하는 많은 교회와 학교, 단체에 감사를 드린다. 또한 기독교교육에 깊은 관심을 갖고 이 책을 예쁘게 제작하여 출판해 주신 예영커뮤니케이션에 감사를 드린다.

기독학부모교실 재개정판의 출간을 계기로 더 많은 교회와 가정에서 기독학부모교실이 개설되고, 전국의 모든 기독교인 부모들이 이 교재를 통해 기독학부모로 세워지는 운동이 힘 있게 확산될 수 있기를 기대한다. 그래서 단지 '좋은 부모교육 서적'을 넘어서 이 땅의 교육을 치유하고, 교육의 영역에서 하나님 나라를 이루는 기독학부모운동의 통로가 되어, 누구든지 이 교재를 통해 교육을 향한 하나님의 손길을 경험하게 되기를 기도한다. 그로 인해 전국 어디서나 이 고백이 메아리치기를 소망한다.

"나는 기독학부모입니다. 나는 교육의 희망입니다."

목차

1. 첫 번째 여정, 기독학부모는 누구인가
　"네 자녀에게 부지런히 가르치며"(신 6:7)

2. 두 번째 여정, 기독학부모의 교육 보기
　"너희는 이 세대를 본받지 말고"(롬 12:1-2)

3. 세 번째 여정, 기독학부모의 자녀 이해
　"우리가 그에게 어떻게 행하오리까"(삿 13:12)

4. 네 번째 여정, '여호와 경외' 교육
　"평생에 네 하나님 여호와를 경외하며"(신 6:2)

5. 다섯 번째 여정, 성품 교육
　"오직 성령의 열매는"(갈 5:22)

6. 여섯 번째 여정, 학업과 은사 이해
　"이는 그것이 그의 몫이기 때문이라"(전 3:22)

7. 일곱 번째 여정, 기독학부모와 학교
　"너희는 세상의 소금이니"(마 5:13-16)

8. 여덟 번째 여정, 기독학부모운동과 하나님 나라
　"세 겹 줄은 쉽게 끊어지지 아니하느니라"(전 4:12)

80. 기독학부모교실 3차 개정판

박상진 편저

쉼이있는교육

2023

먼저 기독학부모교실 3차 개정판을 발간할 수 있도록 은혜를 베푸신 하나님께 깊은 감사를 드린다. 2007년, 『기독학부모교실』을 처음 발간한 이후 수많은 교회와 기독교학교에서 이 교재를 사용하여 부모교육을 실천하였다. 이제는 '기독학부모'라는 생소했던 단어가 익숙하고 친숙하게 느껴진다. 부모가 자녀교육의 주체임을 일깨우고, 자녀의 학업까지도 기독교적 관점으로 다가가 믿음의 자녀를 세워 가도록 돕는 기독학부모 교육은 오늘 한국교회와 기독교학교의 가장 중요한 사명이다.

특히 우리 모두가 함께 경험한 코로나 펜데믹은 자녀교육에 있어서 부모의 중요성을 새삼 깨닫게 하였다. 사회적 거리두기로 자녀를 학교에 보냈지만 가정으로 돌려보냈고, 교회학교에 보냈지만 부모에게 돌려보냈다. 다시금 부모 품으로 돌아온 자녀를 바라보면서 우리 모두는 신명기 6:7을 떠올리게 되었다. "네 자녀에게 부지런히 가르치며". 코로나를 통해 하나님 교육의 본질을 붙잡게 되었다. '아, 그렇구나. 하나님은 자녀를 부모에게 맡기셨구나. 이것이 하나님의 교육 디자인이구나.' 부모 된 우리가 그동안 자녀를 '가르치지' 않고 '보내는 사람'으로 전락하였는데, 코로나의 고통이 다시금 부모의 자녀교육 사명을 회복하는 계기가 되었다.

마틴 루터 킹 목사님의 그 유명한 연설 '나에게 꿈이 있습니다'를 기억할 것이다. 나에게도 꿈이 있다. 이 땅 방방곡곡에서 기독학부모교실이 개설되어 잠자는 부모들이 깨어나는 꿈이다. 그 부모들이 세속적인 부모에서 돌이켜 진정한 기독학부모의 정체성으로 회복되는 꿈이다. 다음세대가 그 기독학부모들을 통해 믿음의 세대로 세워지는 꿈이다. 그 믿음의 다음세대를 통해 한국교회가 다시금 부흥하는 꿈이다. 모든 자녀들 속에 하나님이 주신 저마다의 은사가 타올라 하나님 나라가 확장되는 꿈이다. 지역마다 기독학부모들이 공동체를 이루어 왜곡된 교육마저 변혁시키는 꿈이다. 그래서 하나님이 영광 받으시고 하나님의 뜻이 이루어지는 꿈이다.

이번에 발간되는 기독학부모교실 3차 개정판은 표지도 새로워졌을 뿐만 아니라 이 시대에 맞게 내용도 보완되고 보다 알찬 나눔이 이루어지도록 구성도 더 새로워졌다. 발간을 위해 수고하신 도혜연 실장을 비롯한 기독교학교교육연구소의 연구원들에게 깊이 감사드리고, 기꺼이 새로운 출판을 맡아 주신 쉼이있는교육 출판사 관계자분들에게도 감사의 인사를 전한다. 기독학부모교실 3차 개정판은 단지 좋은 부모교육 교재를 너머 하나님의 사랑이 우리 부모를 통해 다음세대의 가슴에 쏟아지는 은혜의 통로가 되기를 바라며, 이 교재를 사용하는 모든 분들에게 주님의 은총과 평화가 넘치기를 기도한다.

목차

서문
기독학부모와 함께 하는 여행을 안내합니다
　1. 첫 번째 여정, 기독학부모는 누구인가
　2. 두 번째 여정, 기독학부모의 교육보기
　3. 세 번째 여정, 기독학부모의 자녀 이해
　4. 네 번째 여정, 여호와 경외 교육
　5. 다섯 번째 여정, 성품 교육
　6. 여섯 번째 여정, 학업과 은사 이해
　7. 일곱 번째 여정, 기독학부모와 학교
　8. 여덟 번째 여정, 기독학부모운동과 하나님 나라

81. 한국 기독학부모의 정체성과 역할

박상진 외

예영커뮤니케이션

2019

오늘날 '교회 다니는 부모'와 '교회 다니지 않는 부모'가 자녀교육에 있어서 무슨 차이가 있을까? 물론 교회 다니는 부모는 교회 다니지 않는 부모와는 그 모습에서 차이가 있다. 교회를 다니는 부모는 교회를 다닌다는 점에서 다르고, 호칭도 다르다. 그러나 자녀교육은 크게 다르지 않은 것이 오늘날의 현실이다. 따라서 교회 다니는 부모는 '진정한 그리스도인 부모'가 되기 위해서 두 번째 거듭남이 필요하다. 첫 번째 거듭남은 부모 자신이 예수를 믿고 교회를 다니는 것이고, 두 번째 거듭남은 자녀교육에 있어서 예수를 믿는 것이다. 기독교학교교육연구소에서 기독학부모 운동을 진행하면서 전국의 부모들에게 두 번째 거듭남의 중요성을 강조해 왔다. 이번 연구는 '교회 다니는 부모' 개개인을 어떻게 기독학부모로 세울 수 있을지, 기독학부모의 정체성과 역할, 그리고 그런 기독학부모를 세우기 위한 기독학부모 교육을 제시하기 위한 것이다.

첫 번째 연구는 기독교대안학교, 기독교사립학교, 공립학교에 자녀를 보내는 기독학부모들의 자녀 신앙교육의 차이를 이해하는 연구이다. 이 연구를 통하여 기독학부모의 기독교적 가치관과 세계관이 자녀교육에 어떠한 영향을 미치는지를 파악할 수 있을 것이다.

두 번째 연구는 기독학부모의 학교교육 참여에 대한 연구이다. 교육기본법에 따르면 부모 등 보호자는 그 보호하는 자녀 또는 아동의 교육에 관하여 학교에 의견을 제시할 수 있으며 학교는 이를 존중해야 한다고 명시되어 있다. 학교교육에 대한 권리와 책임은 학부모의 당연한 역할이다. 이 연구에서는 현재 기독학부모들이 학교교육 가운데 참여하고 있는 현실을 분석하고, 가정과 학교, 학교 밖에서 어떻게 학교교육에 참여할 수 있을지를 제시하고 있다.

세 번째 연구는 기독학부모의 정체성을 가지고 역할을 제대로 감당할 수 있는 기독학부모로 세우는 기독학부모 교육과정에 대한 연구이다. 자녀가 발달함에 따라 부모도 발달하기 때문에 부모발달단계에 따라 체계적이고 심도 있는 기독학부모 교육이 이루어질 수 있도록 교육과정의 기초와 방안을 제공하고 있다.

이번 연구는 단순히 이론적이고 학술적인 내용을 넘어 한 사람의 부모가 기독학부모로 서야 할 방향과 교회와 학교가 어떻게 지원해 줄 수 있을지를 고민하는 실천적인 연구라고 할 수 있다. 이 연구들이 자녀를 낳고 양육하여 마침내 떠나 보내기까지 자녀와 함께 성장하는 기독학부모들의 자기 이해와 성숙에 도움이 되길 기대한다. 아울러 귀한 글을 써 주신 교수님들과 연구와 출판을 위해 수고하신 기독교학교교육연구소의 모든 연구원, 그리고 기꺼이 출판을 맡아 주신 예영커뮤니케이션 원성삼 대표에게 감사드린다.

> 목차
>
> **3장 부모발달단계에 따른 기독학부모 교육과정 연구**
> 기독학부모 관련 선행연구 분석
> 왜, 기독학부모인가?
> 부모발달단계
> 기독학부모 교육과정의 이해와 탐구
> 한국에서의 기독학부모 교육의 특징
> 기독학부모 교육의 관계구조와 교육내용 영역들

82. 학부모의 당연한 권리, 학교선택권

박상진 외

쉼이있는교육

2023

학교선택권, 학생과 부모가 학교를 선택할 수 있는 권리이다. 다니고 싶은 학교, 자녀를 보내고 싶은 학교를 선택할 수 있는 권리이다. 대부분의 나라에서는 당연한 권리이지만 우리나라의 경우는 '빼앗긴' 권리이다. 오늘날 인가받지 못한 대안학교일지라도 이를 선택하는 부모가 급증하는 현상은 일종의 부모 학교선택권 회복 운동으로 보아야 할 것이다.

부모의 믿음과 가치관대로 자녀를 교육하는 학교를 선택할 수 있는 권리는 천부적 권리이자 책임이며, 이것이 사립학교, 특히 기독교사립학교의 존립기반이기도 하다. 의무교육도 초등학교와 중학교 수준의 교육을 반드시 받아야 한다는 의미이지 학교선택을 할 수 없도록 강제하는 것을 정당화하지는 못한다. 의무교육 이후의 교육은 물론이고 의무교육에서도 학교를 선택할 수 있어야 한다.

사립학교는 물론이고 공립학교에 있어서도 부모의 학교선택권은 존중되어야 한다. 학교선택권이 입시위주 교육을 강화하며 학교 서열화를 가져온다고 단정하면 안 된다. 학교를 선택하되 학교가 학생을 성적순으로 선발할 수 없도록 하면 된다. 학교선택권의 강조가 교육수요자 중심의 시장경제 원리에 입각하여 부익부 빈익빈의 양극화를 심화시킬 것이라는 우려도 맞지 않다. 학교선택권 운동이 수직적 다양성이 아닌 수평적 다양성을 추구하도록 디자인하면 된다. 학교선택권이 사교육을 부추길 것이라는 우려는 더군다나 사실이 아니다. 학교 중심으로 교육이 정상화됨으로써 사교육을 의존하지 않는 방향으로 나아가게 될 것이다. 사교육의 팽창은 학교선택을 불가능하게 만들었기 때문에 사교육을 선택하는 왜곡된 교육형태를 낳은 것이다.

무엇보다 우리나라에서 학교선택권의 상실은 사립학교의 존립기반을 무너뜨렸다. 특히, 종교계 사립학교, 그중에서도 기독교사립학교가 존재할 수 없도록 하였다. 학점을 선택하고, 과목을 선택하는 고교학점제도 다양성을 위한 발전된 정책이지만, 그러나 학점이나 과목 이전에 학교를 선택할 수 있도록 학교를 다양화하는 것이 먼저이다. 그래서 다양한 스토리가 있는 학교가 되도록 해야 한다. 학교마다 빛깔이 있고 색상이 있고 모양이 있고 독특한 건학이념이 있고 비전이 있는 학교가 되어야 한다. 학교가 형식적 및 비형식적 커리큘럼이다. 학교가 사상이요 철학이다. 학교야말로 가장 중요한 교육공동체이며, 그런 점에서 학교가 교육하는 것이다. 국가는 학생과 부모에게 학교선택권을 돌려주어야 한다. 부모는 학교선택권이 부모의 당연한 권리임을 인식하고 이를 다시 찾아야 한다. "빼앗긴 들에도 봄은 오는가?" 일제강점기인 1926년 『개벽지』에 실린 이상화 시인의 절규가 오늘 우리 부모들에게 필요하다. 왜냐하면 빼앗긴 학교선택권을 되찾아야 하기 때문이다.

이 책 『학부모의 당연한 권리, 학교선택권』은 다양한 각도에서 학부모의 학교선택권을 조명하고 있다. 유재봉 교수의 '학부모 교육권과 학교선택권에 대한 철학적 논의', 이종철 박사의 '학부모의 교육권에 대한 학교구성원의 인식조사', 박상진 교수의 '학부모 학교선택권 보장을 위한 사립학교 체제', 그리고 허종렬 교수의 '학생과 학부모의 사립학교 선택권 보장에 관한 헌법재판소 판례 검토' 등은 학부모의 학교선택권을 입체적으로 파악하도록 돕고 있다.

귀한 연구를 통해 옥고를 보내주신 필진들에게 감사드리고, 이 책을 출간하기 위해 수고한 기독교학교교육연구소 강지혜 연구원을 비롯한 연구원들에게 고마움을 전한다. 이 책을 통해 이 땅에 건강한 학부모 학교선택권 운동이 일어나기를 기대한다.

목차

제3장 학부모의 학교선택권 보장을 위한 사립학교 체제
    학부모 학교선택권의 의미
    해방이후 한국교육의 정책 및 제도 고찰:학교선택권의 관점에서
    해외의 학부모 학교선택권
    학부모의 학교선택권 보장을 위한 원칙
    학교선택권을 보장하는 사립학교 체제

83. 하나님이 기뻐하시는 가정

박상진 외
장로회신학대학교기독교교육연구원

목차

아이들이 드리는 기도
자녀를 위한 부모의 기도
기도 일기
가정예배

이 책은 기독교 가정을 위한 신앙지침서이다. 가정은 신앙교육의 중요한 장이다. 이 책은 기도일기, 가정예배, 아이들이 드리는 기도, 자녀를 위한 부모의 기도 등 가정예배의 중요한 활동을 소개하고 있다.

84. 베델성서연구 자녀 교육편

박상진 외

한국베델성서연구원

2015

목차

제1부 기독교 자녀교육의 기초

제1과 하나님이 주신 부모라는 역할
  - 나의 역할은 무엇인가?
제2과 부모로서 나 자신에 대한 이해
  - 나는 어떤 부모인가?
제3과 자녀의 특성이해
  - 내 자녀는 어떤 아이인가?
제4과 자녀의 문화이해
  - 내 자녀의 세계를 이해하자
제5과 자녀에게 가르쳐야 하는 신앙과 삶의 기초
  - 자녀가 어떤 삶을 살기 원하는가?
제6과 자녀와의 의사소통 증진 기술
  - 나는 자녀와 대화하는 법을 알고 있는가?

이 책은 사랑하는 나의 자녀를 훌륭한 신앙인으로, 그리고 책임 있는 사회인으로 키워 내려는 모든 부모의 소망과 열망을 바탕으로, 부모들이 자녀교육에 대한 전문적인 훈련을 받을 수 있도록 만들어졌다.

85. 생명의 성령님이 역사하시는 하나님의 나라와 가정

박상진 외

한국장로교출판사

2002

일반적으로 기독교교육의 장(場)으로서 교회, 학교, 가정, 사회를 들고 있다. 기독교교육은 좁은 의미의 '교회교육'과 구별되며, 더욱이 '교회학교 교육'과 동일시될 수 없다. 기독교교육은 교회학교만이 아닌 '교회생활의 전 과정'인 교회교육을 포함하고, 모든 진리가 하나님의 진리이기 때문에 학교교육을 포함하며, 가정에서의 부부관계 및 부모와 자녀, 자녀와 상호 간의 관계를 통해 이루어지는 가정교육, 그리고 사회와 문화를 통해 이루어지는 사회교육을 포괄하는 것이다.

전통적으로 기독교교육은 이 네 가지의 장 중에서 '교회'를 강조하는 경향이 있어 왔다. 기독교교육 관련 도서들은 대부분 교회교육에 초점이 맞추어져 있다. 주지하는 바와 같이 교회교육 중에서도 '자라나는 세대'인 아동이나 청소년들을 대상으로 한 교회학교(주일학교) 교육과 동일시되어 왔다고 해도 과언이 아니다. 이러한 현상으로 인해 특히 한국 교회에는 몇 가지 분리 현상이 발생하게 되었다. 첫째는 목회와 교육의 분리 현상이다. 목회는 성인을 대상으로 한 것으로 담임목회자가 책임을 지는 영역이 되고, 교육은 아동을 대상으로 한 것으로 교육전도사와 교사들이 담당하는 영역으로 분리되는 이원화 현상이 생기게 되었다. 둘째는 교회와 학교, 사회와의 분리 현상이다. 기독교교육이 교회 안으로 제한되게 되었고, 학교나 사회에서 이루어지는 교육은 '세속교육'으로 인식하는 이원론에 빠지게 되는 경향이 있어서 통전적(holistic) 기독교교육이 이루어지지 못하는 한계점을 지니게 되었다. 마지막으로 가장 심각한 현상으로 교회와 가정의 분리 현상을 들 수 있다. 교회교육과 기독교교육을 동일시함으로 말미암아 가정교육의 중요성을 깊이 인식하지 못하고, 자녀들을 교회학교에 보내는 것으로 부모의 신앙교육적 책임을 다한 것으로 생각하는 경향마저 있게 되었다. 대체로 주일 오전에 한 번 이루어지는 교회교육이 일상생활의 주된 현장인 가정교육과 연계되어 있지 못하기에 실제적인 변화를 가능케 하는 신앙교육이 되지 못한 채 형식적인 교육에 머무를 수밖에 없는 한계성을 지니고 있는 것이다.

기독교교육의 장을 이상과 같은 교회, 학교, 가정, 사회의 네 가지로 분류해 볼 때 그 가장 중심적인 장이 무엇일까? 물론 이 네 가지 기독교교육의 장은 어느 하나도 무시될 수 없는 독특성을 지니고 있겠지만, 성경은 일관되게 '가정'이 기독교교육의 중심임을 말하고 있다. 구약성경은 신앙교육의 일차적 책임이 부모에게 있고 가정이 그 중심적 장이 됨을 말하고 있다. 신명기 6:4~9에 나오는 이스라엘 쉐마는 바로 부모에게 자녀에 대한 신앙교육의 사명이 있음을 보여주고 있다. 부모의 자녀 신앙교육의 책임을 말씀한 구절들 중 대표적인 구절은 에베소서 6:4일 것이다. "또 아비들아 너희 자녀를 노엽게 하지 말고 오직 주의 교양과 훈계로 양육하라." 또한 부모의 자녀교육만이 아니라 가정 안에서의 부부관계, 자녀의 부모를 향한 효도, 형제, 자매간의 관계가 복음 안에서 새로워질 것을 말씀하고 있다.

가정교육이 기독교교육의 중심에 다시금 서야 한다. 그리고 부모는 자녀의 신앙교육의 일차적인 책임자임을 인식하여야 한다. 또한 이러한 가정교육이 활성화될 수 있도록 교회교육은 가정교육과 상호 밀접히 연관된 체제를 지녀야 한다. 가정에서 교회교육을 돕는 것도 필요하지만, 교회에서 가정을 위한 교육이 시행되어야 한다. 이런 점에서 기독교 가정교육은 크게 두 가지 차원을 지닌다. 하나는 '가정에서의 기독교 가정교육'이고 다른 하나는 '교회에서의 가정을 위한 기독교 가정교육'이다. 후자는 부모교육과 아동자녀 교육을 포함하며, 넓은 의미에서 모든 가족관계인 부부 관계, 부자 관계, 형제 관계, 가족과 이웃 및 사회와의 관계에서 이루어지는 모든 교육을 포함한다. 이 글은 이 두 가지 차원 중에서 교회교육을 통해 어떻게 하나님이 원래 창조하신 아름다운 가정을 회복하고, 가정의 본래적인 기능을 담당할 것인가를 돕기 위해 후자인 '교회에서의 가정을 위한 기독교 가정교육'에 초점을 맞추려고 한다.

> 목차
>
> **가정을 위한 기독교교육 목적**
>   1. 들어가는 말
>   2. 가정을 위한 기독교교육 목적 추출
>   3. 21세기와 가정의 위기
>   4. 가정을 위한 기독교교육 목적 진술
>   5. 맺는 말

86. 청년 사역자를 위한 베스트 설교

박상진 외

기독신문사

2003

> 목차
>
> **놀라운 하나님의 은혜 : 예수님의 눈길**
> (요 1 : 42)

87. 하나님 닮은 부모 학교
- 지도자용 / 부모용

박상진 외

에듀랜드

2006

목차

제3영역 하나님의 자녀 : 자녀 이해
1. 성경적 자녀이해
 (1) 하나님의 형상인 자녀 / (2) 하나님의 선물인 자녀 / (3) 죄로 인해 타락한 자녀 / (4) 복음이 필요한 자녀 / (5) 돌봄이 필요한 자녀
2. 다중적 자녀이해
 (1) 지적 이해 / (2) 심리사회적 이해 / (3) 문화적 이해 / (4) 신앙적 이해

88. 예닮교사의 법칙 :
다음세대를 작은 예수로 세우는

박상진 외

넥서스 CROSS

2012

목차

PART 2 교회를 살릴 다음세대의 교사
교회 교육의 위기 극복 방안
 교회 교육을 삼키려는 세 가지 파도
 하나님의 학습법
 바른 교회 교육
 교회 교육 위기 진단
 교회 교육 해결 방안

89. 한국교회의 영적 부흥과 리더십

박상진 외

장로회신학대학교 대학원 편집위원회

2006

목차

한국교회 교회학교의 영적 부흥을 위한 교회학교 교사의 리더십 개발 연구 : 전통적 교사교육의 현황 및 한계성 분석과 그 대안 모색

제1부 서론 : 한국교회 교회학교의 침체현상과 교사교육
  Ⅰ. 서론
  Ⅱ. 교회학교의 침체현상과 교사요인

제2부 : 교사교육의 이론적 배경과 한국교회 교회학교 교사교육 현황분석 및 평가
  Ⅲ. 교사교육의 이론적 배경 : 교사상을 중심으로
  Ⅳ. 한국교회 교회학교 교사교육 현황분석
  Ⅴ. 전통적인 교회학교 교사교육의 평가

제3부 : 교회학교 교사교육의 대안으로서 리더십 모델
  Ⅵ. 교사교육에 대한 새로운 접근 : 리더십 개발로서의 교사교육
  Ⅶ. 교회학교 영적 부흥을 위한 교사교육의 새로운 패러다임 : 리더십 모델
  Ⅷ. 결론

나에게는 꿈이 있다.
모든 자녀들 속에 하나님이 저마다 주신 은사가 타올라
하나님의 나라가 확장되는 꿈이다.

V. 신학 / 통일교육의 여정

90. 신학교육의 혁신   91. 장로회신학대학교 110년 교육과정 백서   92. 한국교회와 장신신학의 정체성   93. 종교개혁500주년과 한국교회의 개혁과제   94. 성경적 통일교육 이음(교사용)   95. 성경적 통일교육 이음(학생용)   96. 통일한국의 교육비전   97. 평화와 기독교교육   98. 21세기 기독교교육의 신학, 이론, 실천   99. 21세기 신학의 학문성   100. 목회, 목회자, 목회연구   101. 한국에 비쳐진 복음의 빛 : 종교개혁 500주년 기념 한국교회 이야기   102. 포스트코로나 시대의 목회   103. 레위기, 민수기-인도자용 / 학습자용   104. 요한복음-인도자용 / 학습자용   105. 고린도전서-인도자용 / 학습자용   106. 빌립보서, 디도서-인도자용 / 학습자

90. 신학교육의 혁신

박상진 저

쉼이있는교육

2021

신학교육은 교회와 하나님 나라의 심장과 같다. 마치 심장에서 피를 온몸에 공급하여 생명을 살리듯이, 신학교육은 하나님의 일꾼들을 선발하고, 양육하여 파송함으로 교회를 새롭게 하고 하나님 나라를 확장하는 사명을 지닌다. 그런데 과연 오늘날 신학교육은 이 심장의 사명을 제대로 감당하고 있는가? 신학교육을 통해 깨끗하고 건강한 생명의 피가 혈관을 통해 목회 현장과 하나님 나라 현장에 공급되어 뭇 백성을 살리고 있는가? 교회를 교회답게 개혁하고 정치, 경제, 사회, 문화, 예술, 교육 각 영역에서 하나님의 통치를 회복하여 하나님의 영광을 드러내고 있는가?

안타깝게도 오늘날 교회와 사회의 현장은 신음과 고통의 아우성으로 가득하다. 교회가 사회로부터 신뢰를 잃어버리고 침체의 늪에 빠지고 있으며, 목회자의 윤리적 일탈은 도를 넘고 있다. 여전히 인구대비 기독교인의 수는 많지만, 최근 코로나19로 인해 한국교회에 대한 부정적 이미지는 더 강해지고 있으며, 탈종교화 및 소위 '가나안 성도' 현상은 더욱 심각해지고 있다. 이러한 현상에 대한 일차적인 책임이 어디에 있을까? 한국교회의 문제는 결국 목회자의 문제로 귀결되며, 그 목회자를 양성하는 신학교육의 문제로 귀결될 수밖에 없다.

　과연 오늘날 신학교육은 진정 하나님의 사람들을 세워서 그들을 목회로, 하나님 나라의 일꾼으로 파송함으로 교회를 살리고 하나님 나라를 건강하게 일구어 가고 있는가? 신학교육을 담당하는 신학대학교는 단순한 '대학교'가 아니다. 소위 고등교육기관으로 설립되어 학문을 연구하는 상아탑이 아니다. 교육부의 지도와 감독을 받으며 획일적인 기준에 의해 평가와 인증을 받을 수밖에 없는 수많은 사립대학교 중의 하나가 아니다. 한국교회의 목회자를 양성하고 하나님 나라의 일꾼을 기르는 선지 동산이며 제자훈련의 과정이기도 하다. 오늘날 신학대학교의 무기력함은 '선지 동산'과 '대학교'의 전승 중 어느 하나의 정체성에 치우쳐 이 두 가지 전승을 통합하지 못하는 한계에 기인한다.

　신학교육은 일반교육과 구별된다. 신학교육은 단지 철학이나 경제학을 교육하듯이 신학을 교육하는 것이 아니다. 신학교육은 진정한 의미에서 기독교교육의 결정체라고 할 수 있다. 신학교육은 단순히 신학이라는 교육내용을 가르치기만 하면 되는 것이 아니라 그 과정이 신앙적이며 기독교적인 교육이 되어야 한다.

　그런 점에서 신학교육은 기독교교육의 꽃이라고 할 수 있다. 모든 신학교육을 담당하는 교수들은 신학자임과 동시에 기독교교육자임을 잊지 말아야 한다. 지식만 전달하는 것이 아니라 영성과 인격, 삶을 변화시키는 교육이 되어야 한다. 오늘날 신학교육의 무기력함은 바로 신학교육이 기독교교육이 되지 못하고 신학연구에 머무르거나 일반교육으로 전락하기 때문이다.

　신학교육을 담당하는 신학대학교는 단지 신학연구기관이나 일반대학교 중의 하나가 아니라 교회와 하나님 나라의 일꾼을 양성하고 파송하는 센터이다. 특히 교단 총회 산하의 신학대학원의 경우는 목회자 후보생을 훈련하고 양육하여 교회의 사역자로 세우는 역할을 담당하고 있다. 영원히 변치 않는 하나님의 말씀인 텍스트(Text)를 너무나 급변하는 시대와 상황이라는 콘텍스트(Context)와 접목시켜 오늘, 이 사회라고 하는 시공간 속에서 하나님의 뜻을 선포하고 하나님 나라가 임하도록 하는 사명을 지닌다. 그렇기에 신학대학교는 한국교회와 세계교회, 그리고 이 사회와 자연, 전 우주적 생태계의 변화에 민감하게 응답하면서 하나님의 다스림을 이루어 나갈 하나님의 일꾼을 양성하여야 한다.

이 책은 이런 점에서 신학교육에 대한 하나님의 디자인을 회복하기 위한 것이다. 신학대학교가 지금까지 해오던 대로 전통적인 방식을 답습하는 것이 아니라, 신학교육기관 본래의 정체성을 회복하며, 그래서 교회를 살리고 하나님 나라를 이루어 가는 생명이 넘치는 신학대학교가 되도록 하는 데에 이 책의 목적이 있다. 이 책은 저자가 재직하고 있는 장로교(예장 통합)에 속해 있는 장로회신학대학교를 중심으로 전개되고 있지만, 교단이 운영하는 신학교육기관은 물론 모든 신학대학교에 적용할 수 있는 내용을 담고 있다.

지난 2017년, 장로회신학대학교에서 개최된 종교개혁 500주년 기념 국제학술대회 주제가 '종교개혁 500주년과 신학교육의 개혁'이었고, 그 주제발표 중 하나를 저자가 담당하였는데, 그 내용을 비롯해 그동안 신학교육에 대해 고민하며 집필한 글들이 이 책에 포함되어 있다. 이 책이 나올 수 있게 된 것은 전적으로 하나님의 은혜이며, 필자가 이곳에서 신학과 기독교교육학을 공부하고, 유학을 다녀와 교수로서 그리고 신학대학원장, 대학원장을 비롯한 다양한 직책을 경험함으로 신학교육에 대한 보다 깊은 이해를 지닐 수 있도록 기회를 준 장로회신학대학교라는 공동체 덕분이다. 장신공동체 구성원 모두에게 깊은 감사를 드린다. 이 책이 건강한 신학교육의 혁신에 작은 도움이 되기를 바라며, 이로 인해 한국교회가 새로워지고 사회의 전 영역에서 하나님의 나라가 든든히 세워져 갈 수 있기를 소망한다.

목차

1부 신학교육의 위기와 개혁의 방향
　　제1장 신학교육의 다중적 위기
　　제2장 신학교육의 재개념화 : 실천지향적 신학교육
　　제3장 신학교육 개혁의 새로운 방향
　　제4장 디지털시대의 신학교육

2부 신학교육 실천의 개선 및 신학교육자의 개혁
　　제5장 신학교육의 개선 사례 및 미래 과제
　　제6장 신학교육방법의 새로운 패러다임
　　제7장 실천지향적 신학교육을 위한 신학교육자의 개혁

3부 교단의 바람직한 신학교육 정책
    제8장 교단의 바람직한 신학교 운영
    제9장 교단의 목회자 수급계획
    제10장 교회학교 교육을 살리는 신학교육
    제11장 신학교육의 실천성 제고를 위한 인턴십 모델

4부 신학의 정체성과 개혁을 위한 실천적 과제
    제12장 신학생들의 신학 정체성에 관한 의식 : 1985-2016년 비교분석
    제13장 신학대학교가 직면한 한계상황 진단과 대안의 방향

신학교육은 교회와 하나님 나라의 심장과 같다. 그런데 과연 오늘날 신학교육은 이 심장의 사명을 제대로 감당하고 있는가? 이 책은 신학교육에 대한 하나님의 디자인을 회복하기 위한 것이다. 신학교육기관 본래의 정체성을 회복하며, 그래서 교회를 살리고 하나님 나라를 이루어 가는 생명이 넘치는 신학대학교가 되도록 하는 데에 이 책의 목적이 있다.

91. 장로회신학대학교
110년 교육과정 백서

박상진 저

장로회신학대학교출판부

2011

교육은 시간적인 행동이다. 현재의 교육은 과거에 기초해 있고, 미래를 향해 열려 있기 때문이다. 장로회신학대학교의 신학교육도 과거에 뿌리박혀 있음을 부인할 수 없다. 오늘의 교육에 충실하고 내일의 더 나은 교육으로 나아가기 위해서는 어제의 교육을 돌아보는 지혜가 필요하다. 교육을 연속성과 변화로 이해한다면 과거의 교육이 어떤 연속성과 변화를 추구했는지를 살펴보고, 오늘 우리가 미래를 향해 어떤 연속성과 변화를 추구할지를 성찰할 때 더 나은 교육이 가능할 것이다.

 2011년, 장로회신학대학교가 개교 110주년을 맞이하면서 지난 110년의 교육과정을 돌아보는 백서를 발간한다. 1901년 개교 이전부터 오늘에 이르기까지 지난 110년 동안 교육과정이 어떻게 변모해 왔는지를 살피고자 한다. 교육이 총체적으로 녹아 있는 교육과정의 역사를 살피면서 하나님께서 어떻게 장로회신학대학교를 인도해 주셨는지, 그리고 우리 선조들과 선배들이 어떤 마음으로 신학교육을 실천해 왔는지를 이해하고자 한다. 이를 통해 오늘 신학교육의 정체성을 확인하고 향후 어떻게 연속성과 변화를 도모해야 할지를 배우고자 한다.

이 백서는 2010년 장로회신학대학교 연구지원처에서 기획하여 필자에게 연구를 의뢰한 것으로서, 2011년 1학기 퇴수회의에서 발표한 후에 출판하게 된 것이다. 이 백서 발간을 위해 많은 분의 수고가 있었음을 기억한다. 자료수집 및 정리를 위해 임희국 교수님과 현정민 차장님이 애써주셨고, 연구를 돕기 위해 이은선 목사님과 박재화 전도사님, 그리고 몇 분의 교육대학원생들이 땀을 흘려 수고하였다. 이 연구가 가능하도록 지원해 주신 장영일 총장님과 기꺼이 출판을 결정해 주신 연구지원처장 유해룡 교수님, 조언을 주신 여러 교수님들, 그리고 연구지원처, 출판부 직원 여러분께 감사를 드린다. 이 연구가 신학교육의 발전을 위한 귀한 디딤돌이 되기를 간절히 소망한다.

목차

Ⅰ. 서론
Ⅱ. 잉태기(1901년 이전)
Ⅲ. 정초기(1901-1924년)
Ⅳ. 형성기(1925-1937년)
Ⅴ. 혼란기(1938-1959년)
Ⅵ. 재건기(1960-1979년)
Ⅶ. 발전기(1980-현재)
Ⅷ. 결론

2011년, 장로회신학대학교가 개교 110주년을 맞이하면서 지난 110년의 교육과정을 돌아보는 백서를 발간한다. 1901년 개교 이전부터 오늘에 이르기까지 지난 110년 동안 교육과정이 어떻게 변모해 왔는지를 살피고자 한다.

92. 한국교회와 장신신학의 정체성

박상진 편저
장로회신학대학교출판부
2016

지금으로부터 30여 년 전, 내가 장로회신학대학교 신학대학원에 입학한 이래 지금까지 계속 듣고 있는 질문은 '장신신학의 정체성은 무엇인가?'이다. 장신신학은 다른 교단이나 교파에 속해 있는 신학교의 신학과 어떤 차이가 있는가? 장신대를 졸업하고 목회와 사역을 감당하는 하나님의 일꾼들은 어떤 신학적 확신을 갖고 나아가야 하는가?

장로회신학대학교 신학대학원을 졸업할 때에는 이 질문들에 답할 수 있어야 하고, 장신신학의 정체성에 근거한 사역을 실천할 수 있어야 할 것이다. 만약 다양한 신학을 접하면서도 장신신학의 분명한 정체성을 확립하지 못하고 학교의 문을 나선다면 목회 현장 속에서도 신학적인 혼란을 경험할 것이요 신학에서부터 분출되어 나오는 사역의 에너지도 미약할 수밖에 없을 것이다. 이런 점에서 신학교육의 교육과정이 다양한 신학을 '열거식'으로 배우는 방식이 아닌 '토론식'으로 변화될 필요가 있다. 그리고 자신의 신학적 입장을 드러내는 토론을 통해 상대편의 신학을 다듬어 줄 뿐만 아니라 자신의 신학도 수정해 가는 과정이 되어야 한다. 제1회 장신신학강좌는 이런 취지에서 마련되었다.

'한국교회와 장신신학의 정체성'이라는 큰 주제 아래 구약학, 신약학, 역사신학, 조직

신학, 기독교와 문화, 예배설교학, 목회상담학, 영성학, 선교학, 기독교교육학, 교회음악학 등의 영역별로 장신신학의 정체성을 모색하도록 하였다.

본교 장신대 교수님이 주제 발제를 하고, 타 교단 신학교의 교수님이 같은 주제로 발제를 한 후, 해당 분야의 전문성을 지닌 목회 현장의 담임목사님이 논찬을 하고, 학생들과 청중들의 질의에 응답하며 종합토론을 하는 방식으로 진행하였다. 이 모든 진행은 신학대학원장이 담당하도록 하였다.

귀한 발제를 해주신 교수님들과 바쁘신 목회 일정 가운데서도 귀한 논찬을 해주신 목사님들께 감사를 드린다. 진지한 질문과 토론으로 참여해 준 동료 교수님들과 신학대학원 학생들에게도 고마운 마음을 전한다. 무엇보다 장신신학강좌에 대한 지원을 아끼지 않으시고 그 결과를 책으로 출판할 수 있도록 후원해 주신 소망교회 김지철 목사님과 교우 여러분들께 깊은 감사를 드린다. 또한 행정적으로 도와준 문인탁 계장과 교학실 직원들, 그리고 섬김의 수고로 함께 한 원지은, 최새롬 조교에게 고마움을 전한다.

이 책을 통해 장신 공동체 구성원 모두가 장신신학의 정체성을 보다 확고히 할 수 있기를 기대한다.

'한국교회와 장신신학의 정체성'이라는 큰 주제 아래 구약학, 신약학, 역사신학, 조직신학, 기독교와 문화, 예배설교학, 목회상담학, 영성학, 선교학, 기독교교육학, 교회음악학 등의 영역별로 장신신학의 정체성을 모색하도록 하였다.

93. 종교개혁 500주년과 한국교회의 개혁과제

박상진 편저

장로회신학대학교출판부

2017

장로회신학대학교 신학대학원은 두 번째 장신신학강좌의 주제를 '종교개혁 500주년과 한국교회의 개혁과제'로 정하였다. 첫 번째 장신신학강좌인 '한국교회와 장신신학의 정체성'에 이어서 장신신학의 정체성을 탐구하되 종교개혁 500주년을 맞이하여 한국교회의 개혁 과제를 모색하는 주제로 설정한 것이다. 루터가 1517년 독일의 비텐베르크 성당 정문에 당시 교황청에 항거하는 '95개조 조항의 반박문'을 내건 이후 종교개혁이 시작되었고, 그로 인해 프로테스탄트로 불리는 개신교의 역사가 시작되었다. 이러한 종교개혁 500주년을 맞이하여 한국교회가 다양한 행사를 계획하고 있지만, 가장 중요한 것은 화려한 행사가 아니라 실제적으로 한국교회가 종교개혁 정신에 근거하여 얼마나 개혁되느냐일 것이다. 그동안 '한국교회, 이대로는 안 된다'는 많은 반성이 있었고, 심지어는 교회 바깥에서도 한국교회의 낮은 신뢰도를 걱정하며 한국교회의 개혁 필요성에 대해서 지적하곤 하였다.

본 신학대학원은 '종교개혁 500주년마저 한국교회가 개혁될 수 있는 기회로 사용하지 못한다면 어떻게 개혁을 기대할 수 있을 것인가?' 하는 절박한 심정으로 두 번째 장신신학강좌를 개설하게 되었다.

　『종교개혁 500주년과 한국교회의 개혁과제』는 신학의 제 분야인 구약학, 신약학, 역사신학, 조직신학, 기독교와 문화, 예배설교학, 목회상담학, 선교학, 기독교교육학, 교회음악학, 그리고 교양학의 11개 분야에서 종교개혁 정신에 비추어 오늘날의 한국교회의 개혁과제가 무엇인지를 논의하였다. 각 분야별로 본교의 교수가 발제를 하면, 타 교단의 해당 분야 교수와 목회현장의 담임목사 또는 전문분야 현장의 사역자가 각각 논찬을 하고, 발제자, 논찬자, 학생이 모두 함께 토의하는 방식으로 진행하였다.

　각 전공분야의 입장에서 종교개혁 500주년의 의미를 되새기고 한국교회의 개혁과제를 제시하는 귀한 원고를 집필하고 발제해 주신 본교 교수님들과 바쁘신 가운데도 깊이 있고 진지한 논찬의 글을 써 주시고 발표해 주신 타 대학 교수님들과 목회자 및 전문가 여러분께 감사를 드린다. 그리고 장신신학강좌가 개설될 수 있도록 물심양면으로 지원해 주신 김지철 이사장님, 본교와의 협력업무를 감당해 주신 이상조 목사님, 그리고 소망교회 모든 교우들께 깊은 감사를 드린다. 이 장신신학강좌를 위해 수고와 정성을 아끼지 않은 원지은, 최새롬 조교님, 교학실의 문인탁 계장님, 매 강좌 때마다 사진을 찍어 준 지기원 학우님께 고마움을 전한다. 그리고 매 시간 진지하게 질의와 토의에 참여해 준 학우들과 출판을 맡아 수고하신 모든 분들에게 감사의 인사를 드린다.

　이 책이 한국교회가 개혁되고 새로워지는 데에 좋은 밑거름이 될 수 있기를 진심으로 소망한다.

『종교개혁 500주년과 한국교회의 개혁과제』는 신학의 제 분야인 구약학, 신약학, 역사신학, 조직신학, 기독교와 문화, 예배설교학, 목회상담학, 선교학, 기독교교육학, 교회음악학, 그리고 교양학의 11개 분야에서 종교개혁 정신에 비추어 오늘날의 한국교회의 개혁과제가 무엇인지를 논의하였다.

94. 성경적 통일교육 이음 (교사용)

박상진 외

창조와지식

2017

오늘날 분단된 조국 한반도의 기독교학교에서 가장 중요한 교육은 기독교 통일교육이다. 마치 일제의 억압이 고조되기 시작하던 초창기 기독교학교들의 건학이념이 항일정신을 고취하여 민족의 독립을 이루는 일꾼을 양성하는 것이었던 것처럼, 오늘날의 기독교학교는 통일의 역군을 길러내어 마침내 남과 북을 하나 되게 하는 것이 시대적 사명이라고 할 수 있을 것이다. 이런 점에서 통일교육은 기독교학교의 한 교과에 머무르는 것이 아니라 전체 교육이 지향해야 하는 교육의 방향이요 교육의 목적이며 학교의 존재 이유라고 할 수 있다.

기독교학교의 통일교육은 일반학교에서 이루어지는 통일교육과는 다른 독특성을 지닌다. 기독교세계관에 입각하여 통일을 바라보아야 하며, 성경의 관점에서 통일에 접근해야 하기 때문이다. 통일만 하면 되는 것이 아니라 하나님이 원하시는 평화통일을, 하나님이 원하시는 과정과 방법을 통해 이루어야 하기 때문이다. 갈수록 다음세대들이 통일에 대해 무관심해지고 무감각해지는 이때에 기독교학교만큼이라도 기독교적 통일교육을 통해 통일을 이루는 하나님 나라의 일꾼을 육성해야 할 것이다.

기독교학교 통일교육 교재『이음』은 일반적인 통일교재와는 달리 성경적 가치관에 근거하고 있다. 이 교재를 통해 남과 북을 이어주는 교육, 성경과 통일을 이어주는 교육, 신앙과 교과를 이어주는 교육, 교사와 학생을 이어주는 교육이 이루어지게 될 것이다. 이 교재의 개발을 위해 연구비를 기꺼이 후원해주신 김영자 교장 선생님께 감사를 드리고, 김지현 연구원을 비롯해 홍재영, 구혜미 연구원과 도움을 주신 모든 분들께 감사를 드린다. 이 교재를 통해 기독교학교마다 기독교통일교육이 이루어지고, 그렇게 세워지는 통일의 역군들을 통해 남과 북이 하나되는 그날이 속히 오기를 기도한다.

목차

이음 하나_기독교학교 통일교육의 방향과 과제
  A. 들어가는 말
  B. 기독교학교 통일교육의 정체성
    1. 통일교육이란?
    2. 기독교적 통일교육의 정체성
  C. 기독교학교 통일교육의 교육방향 : '이음'
    1. 통일교육의 분리현상
    2. 통일교육의 비전 철학 : '이음'의 교육 비전
    3. 기독교적 통일교육 '이음'의 교육교재
  D. 나가는 말

이음 둘_기독교학교 통일교육, 이음
  A. 교육목적 및 목표
    1. 교육목적
    2. 교육목표
  B. 이음 교육과정(중등)
    1. 교육목표 구현 및 인간상
    2. 교육내용
    3. 교재구성
    4. 교재 활용 방안

95. 성경적 통일교육 이음 (학생용)

박상진 외

창조와지식

2017

목차

Ⅰ. 성경과 통일 이음
 1. 연결고리
 2. 통일걱정
 3. 통일은 ☐

Ⅱ. 사람과 사람 이음
 1. 북한 이야기
 2. 북한이 고향인 사람들의 이야기
 3. 우리이야기

Ⅲ. 꿈과 통일 이음
 1. 독일 통일로 배워보는 통일한국
 2. 통일 시나리오
 3. 우리의 꿈, 하나님의 꿈

96. 통일한국의 교육비전

박상진 외

한울

2014

목차

통일한국의 교육비전, 철학, 제도 및 정책
 1. 들어가는 말
 2. 통일한국의 교육 비전 : 다음 세대가 더불어 행복한 교육공동체
 3. 통일한국의 교육철학 방향
 4. 통일한국의 교육제도 및 정책
 5. 나가는 말

97. 평화와 기독교교육

박상진 외

장로회신학대학교 기독교교육연구원

2007

목차

기독교 평화교육의 관점에서 본 시험에 관한 연구
Ⅰ. 문제제기
Ⅱ. 시험의 사회적 선발 기능
  1. 학교교육의 사회적 선발기능
  2. 시험의 사회적 성격
  3. 시험의 통제적, 경쟁적 성격
Ⅲ. 비평화교육으로서 시험의 성격
  1. 시험의 획일주의 성격
  2. 시험의 경쟁주의적 성격
  3. 시험의 개인주의적 성격
Ⅳ. 시험의 비평화적 한계성을 극복하는 평화교육
  1. 다양성을 강조하는 교육
  2. 협동을 강조하는 교육
  3. 공동체를 강조하는 교육
Ⅴ. 결언

98. 21세기 기독교교육의 신학 이론, 실천

박상진 외

한국장로교출판사

2004

목차

기독교교육의 가능성 : 신념과 신앙의 차이
1. 서언
2. 신념과 신념체계
  1) '믿는다는 것'의 의미 / 2) 그린의 신념체계이론 / 3) 로키취의 신념체계이론
3. 기독교교육 학자들의 신앙이해
  1) 신앙과 신념의 차이 / 2) 기독교교육 학자들의 신앙이해
4. 기독교적 신념 및 신앙이해와 기독교교육의 가능성
  1) 기독교적 신념과 신앙 / 2) 기독교교육 학자들의 신앙이해 비판
5. 결언 : 기독교교육의 가능성

99. 21세기 신학의 학문성

박상진 외

장로회신학대학교출판부

2003

목차

기독교교육학의 학문성 탐구-기독교교육학의 하위영역 분류를 중심으로
1. 들어가는 말
2. 기독교교육학의 하위영역 분류의 중요성
    1) 기독교교육학의 학문적 발전
    2) 기독교교육학 커리큘럼 작성
    3) 학문과 현장의 연계성 강화
3. 지금까지의 기독교교육학 하위영역 분류 방식
    1) 기독교교육개론서의 분류 방식
    2) 기독교교육 관련 학회에서의 하위영역 분류
    3) 기독교교육(학)과 커리큘럼에서의 하위영역 분류
4. 기독교교육학의 하위영역 분류 방식의 한 새로운 시도
    1) 교육학의 하위영역 분류
    2) 의학의 하위영역 분류
    3) 기독교교육학의 하위영역 분류의 한 시도
5. 결언

이 글에서는 먼저 기독교교육학 하위영역 구분의 중요성을 파악하고, 지금까지 암묵적으로 사용되어 온 분류 방식을 고찰하며, 보다 활발한 기독교교육 연구와 실천의 성숙을 위해 바람직하다고 생각되는 새로운 분류 방식을 모색하려고 한다.

100. 목회, 목회자, 목회연구

박상진 외

도서출판 그린

1992

목차

청년(대학)부 교육과정 작성을 위한 기초연구
1. 문제제기
2. 청년(대학)부 교육과정에 대한 이론적 기초
   1) Tyler의 커리큘럼 이론
   2) Harris의 커리큘럼 이론
   3) 통합적 기독교교육 과정
3. 청년(대학)부 교육과정 작성을 위한 모델
4. 청년(대학생)에 대한 이해
   1) 발달심리학적 이해
   2) 사회학적 이해
   3) 성서(신학)적 이해
5. 청년(대학)부 교육목적의 이해
6. 청년(대학)부 교육과정의 내용과 범위
7. 맺는 말

본 연구는 한국 교회의 청년(대학)부에 맞는 교육과정을 새롭게 작성함으로써 침체해 가는 청년(대학)부를 보다 활성화하고 청년들을 향한 올바른 신앙교육 방향을 제시하고자 한다.

101. 한국에 비쳐진 복음의 빛 : 종교개혁 500주년 기념 한국교회 이야기

박상진 외

기독교문사

2017

목차

루터의 종교개혁과 한국의 기독교교육
A. 한국의 기독교학교 성장과정
   1. 선교사들에 의한 기독교학교의 설립
   2. 한국교회에 의한 기독교학교의 설립
   3. 기독교학교의 건학이념
   4. 기독교학교의 교과목을 통한 민족교육과 항일운동
   5. 기독교학교에 대한 일제의 탄압
   6. 평준화제도로 인한 종교교육의 자유 제한
   7. 기독교대안학교의 설립 및 확산
B. 한국 주일학교의 성장과정
   1. 주일(교회)학교의 태동기
   2. 주일(교회)학교의 확장기
   3. 주일(교회)학교의 시련기
   4. 주일(교회)학교의 공과
   5. 성경구락부의 공헌
   6. 교회학교의 성장
   7. 교회학교의 미래 전망
   8. 대안적 교회교육 : 학교식 교육에서 품 교육으로

102. 포스트코로나 시대의 목회

박상진 외

장신목회연구원/장로회신학대학교출판부

2021

목차

포스트코로나 시대의 다음세대 교육
  1. 들어가는 말 : 위기의 심화
  2. 코로나 이전부터의 교회교육의 위기
  3. 코로나 상황 속에서의 교회교육
  4. 코로나19 이후의 교육 전망
  5. 포스트코로나 시대의 다음세대 교육 전략
  6. 나가는 말

103. 레위기, 민수기
    -인도자용/학습자용

박상진 외

장로회신학대학교출판부

2014

목차

1. 과목 소개, 레위기와 민수기 통틀어 보기
2. 레위기 10장 1~20절 공부
3. 레위기 14장 33~53절 공부
4. 레위기 16장 1~34절 공부
5. 레위기 18장 1~30절 공부
6. 레위기 23장 1~44절 공부
7. 민수기 10장 11~36절 공부
8. 민수기 13장 25절~14장 25절 공부
9. 민수기 23장 27절~24장 25절 공부
10. 민수기 27장 1~11절과 36장 1~13절 공부
11. 민수기 32장 1~33절 공부
12. 전체 정리와 평가

104. 요한복음
-인도자용/학습자용

박상진 외

장로회신학대학교출판부

2012

목차

제1과 요한복음 성경공부 들어가기
제2과 말씀이 육신이 되다
제3과 가나 혼인잔치
제4과 사마리아 여인
제5과 오병이어 기적
제6과 선한 목자
제7과 세족식
제8과 포도나무와 가지
제9과 제자들을 위한 기도
제10과 십자가에 못 박히시다
제11과 부활
제12과 내 양을 먹이라

105. 고린도전서
-인도자용/학습자용

박상진 외

장로회신학대학교출판부

2010

목차

제1과 고린도전서 성경공부 들어가기
제2과 고린도 교회의 문제
제3과 하나님의 지혜와 능력
제4과 오직 십자가
제5과 하나님의 작품을 이루어 가는 사람들
제6과 고린도 교회와 사도
제7과 음행을 피하라
제8과 결혼생활에 대한 교훈
제9과 그리스도의 일꾼들의 자기관리
제10과 성령의 선물
제11과 은사 위에 은사
제12과 그리스도인의 궁극적 소망

106. 빌립보서, 디도서
     -인도자용/학습자용

박상진 외

장로회신학대학교출판부

2016

목차

1. 빌립보서 디도서 성경공부 들어가기
2. 진실하여 허물없이 그리스도의 날까지 이르기를(빌립보서 1:1-11)
3. 살든지 죽든지 복음을 위하여 (빌립보서 1:12-30)
4. 그리스도처럼 겸손하게 (빌립보서 2:1-11)
5. 이 세상에서 별과 같이 빛나라 (빌립보서 2:12-18)
6. 그리스도의 일을 위하여 죽기에 이르러도(빌립보서 2:19-30)
7. 육체를 신뢰하지 말고 하나님의 의를 신뢰하라(빌립보서 3:1-16)
8. 우리는 하늘에 속한 사람들이다 (빌립보서 3:17-4:9)
9. 하나님께 바친 향기로운 제물 (빌립보서 4:10-23)
10. 하나님의 청지기는 이런 사람을 세우라(디도서 1:1-16)
11. 남녀노소에게 이렇게 가르치라 (디도서 2:1-14)
12. 선한 일을 하게 하라 (디도서 2:15-3:15)

1. 학술논문

1. 검정고시의 사회적 선발 기능에 관한 연구
   서울대학교 대학원 석사논문 — 1983

2. 기독교교육에 있어서 지식, 신념, 신앙에 관한 연구 :
   통합적 기독교교육학의 가능성 탐색
   장로회신학대학교 신학대학원 석사논문 — 1987

3. 새신자를 위한 교회교육과정 연구
   장로회신학대학교 대학원 석사논문 — 1992

4. A Curriculum Model of Christian Education for Faith as Knowing God :
   A Critique of the Tylerian Model and a search for an Alternative on the
   Basis of New Epistemology
   Union Theological Seminary and Presbyterian School of Christian Education — 2001

5. 포스트모던 기독교교육의 가능성 모색 : 머리의 교육에서 마음의 교육으로
   『장신논단』 제18권 — 2002

6. 지성과 영성을 통합하는 기독교학교교육
   『장신논단』 제22권 — 2004

7. 왜, 기독교학교인가?
   『장신논단』 제24권 — 2005

8. 기독학부모운동의 가능성 탐색
   『장신논단』 제27권 — 2006

9. 비기독교학교에서 종교교육을 통한 학원선교
   『장신논단』 제29권 — 2007

10. 한국 기독교학교의 자율성 및 정체성 재확립을 위한 과제
    『기독교교육논총』 제15집 — 2007

11. 입시에 대한 기독교교육적 이해
    『기독교교육논총』 제18집 — 2008

12. 한경직 목사의 교육관 연구
    『장신논단』 제32권 — 2008

13. 한국 교회교육 위기 극복을 위한 기독교교육의 새로운 패러다임
    『기독교교육논총』 제20집 — 2009

14. 한국 기독교교육의 진단과 과제
    『기독교교육논총』 제24집 — 2010

15. 기독교대안학교 유형화 연구
    『장신논단』 제37권 — 2010

16. 기독교대안학교의 영역별 교육성과 분석 연구
『장신논단』 제41권   2011

17. 초기 한국교회의 학교설립과 지원체제 연구
『장신논단』 제43권   2011

18. 한국 기독교교육학회의 미래 전망과 과제
『기독교교육논총』 제27집   2011

19. 공교육제도 내에서 기독교학교의 방향
『장신논단』 제44권   2012

20. 기독교교육학의 정체성에 근거한 기독교교육(학)과의 커리큘럼 진단
『기독교교육논총』 제33집   2013

21. 기독교학교의 정체성에 근거한 종교학 교육과정의 문제점
『기독교교육논총』 제36집   2013

22. 기독교대안학교의 공공성 연구
『교회와 신학』 제78집   2014

23. 한국기독교교육학회의 학문공동체성 함양을 위한 연구
『기독교교육논총』 제38집   2014

24. 저출산, 고령화 시대의 교회교육
『기독교교육논총』 제40집   2014

25. 종교교육의 자유와 종교의 자유보장을 위한 회피 및 전학제도
『장신논단』 제46권   2014

26. 기독교학교에서의 도덕교육
『기독교교육논총』 제44집   2015

27. 인구 전망에 따른 기독교학교의 미래분석
『장신논단』 제47권   2015

28. 기독교교육생태계를 회복하는 대안적 교회교육-품모델
『장신논단』 제48권   2016

29. 신학교육의 기독교교육모델로서 실천지향적 신학교육:
    신학대학원(M.Div.)을 중심으로
『장신논단』 제49권   2017

30. 장신 신학 정체성에 관한 의식 조사연구: 1985-2016년 비교연구
『선교와 신학』 제41집   2017

31. 부모 발달단계에 따른 기독학부모 교육과정 연구
『기독교교육논총』 제55집   2018

32. 3.1운동에 있어서 기독교학교의 역할과 오늘날의 과제
『기독교교육논총』 제58집   2019

33. 종교교육과 사립학교의 자율성
『장신논단』 제51권   2019

34. 21대 국회 사학법 개정에 대한 한국교회의 대응방안 :
    한국교회의 2005년 사학법 개정 대응에 관한 평가에 근거하여
『선교와 신학』 제52집   2020

35. 해방 이후 기독교 사립학교의 팽창 연구
『선교와 신학』 제53집   2021

36. 대안교육기관에 관한 법률 제정의 의미와 향후 과제
『장신논단』 제53권   2021

37. 제21대 국회 교원임용 관련 사학법 개정에 대한 비판적 고찰 :
    기독교사학을 중심으로
『선교와 신학』 제56집   2022

38. 학부모의 학교선택권 보장을 위한 사립학교 체제 - 종교계 사립학교를 중심으로
『장신논단』 제54권   2022

2. 소논문

1. 통합적 기독교교육학
   『교육교회』, 통권138호, p. 824-838   1987

2. 갱년기 여성의 심리와 교육목회
   『교육교회』, 통권190호, p. 90-115   1992

3. 새신자를 위한 교회교육(1)
   『교육교회』, 통권198호, p. 51-61   1993

4. 새신자를 위한 교회교육(2)
   『교육교회』, 통권199호, p. 46-58   1993

5. 한국 교회교육을 위한 기독교교육 연구의 필요성
   『교육교회』, 통권199호, p. 22-28   1993

6. 교사교육에 대한 새로운 조망
   『교육교회』, 통권200호, p. 41-50   1993

7. 기독교교육공동체의 형성과 과제
   『교육교회』, 통권205호, p. 62-73   1993

8. 여름성경학교(수련회)에 대한 평가연구(1)
   『교육교회』, 통권206호, p. 116-118   1993

9. 여름성경학교(수련회)에 대한 평가연구(2)
   『교육교회』, 통권207호, p. 115-121   1993

10. 여름성경학교(수련회)에 대한 평가연구(3)
    『교육교회』, 통권208호, p. 102-111   1993

11. 새신자반의 운영과 교육계획:새신자교육의 필요성과 새신자교육의 목표
    『기독교교육』, 통권295호, p. 38   1993

12. 교육목회를 위한 교육구조 및 체제 비교 분석
    『교육교회』, 통권209호, p. 38-55   1993

13. 미국 기독교교육 현장 탐방(1)
    『교육교회』, 통권213호, p. 105-110   1994

14. 미국 교회교육 현장 탐방(2)
    『교육교회』, 통권213호, p. 122-129   1994

15. 한국교회 교육구조 어떻게 갱신되어야 하는가
    『월간목회』, 통권217호, p. 87   1994

16. 교회상황에 따른 조직구성과 운영
 『교사의 벗』, 통권332호, p. 76　　　　　　　　　　　　　　　　　　1995

17. 청소년의 발달과 필요에 따른 신앙교육
 『교회와 교육』, 통권150호, p. 58　　　　　　　　　　　　　　　　　1995

18. 청년 대학부 ; 기(期), 부(部), 조(組)를 중심으로
 『교육교회』, 통권224호, p. 180-184　　　　　　　　　　　　　　　　1995

19. 여름성경학교 교사 강습회 어떻게 할것인가?
 『교육교회』, 통권226호, p. 9-15　　　　　　　　　　　　　　　　　1995

20. 교회교육에서 바라본 교육개혁안과 대처방안
 『교육교회』, 통권228호, p. 8-15　　　　　　　　　　　　　　　　　1995

21. 교회학교에서 선교공동체로
 『교육교회』, 통권231호, p. 70-76　　　　　　　　　　　　　　　　　1995

22. 기독교 교육연구원 소식
 『교육교회』, 통권239호, p. 84　　　　　　　　　　　　　　　　　　1996

23. 청소년 발달의 필요에 따른 신앙교육
 『교회와 교육』, (96년 9월호) p. 45　　　　　　　　　　　　　　　　1996

24. 우리네 주일학교 형편
 『빛과 소금』, 통권134호, p. 34　　　　　　　　　　　　　　　　　　1996

25. 조기유학 현상의 원인과 기독교교육적 대책
 『敎會와 神學』, 제47집, p. 45-55　　　　　　　　　　　　　　　　　2001

26. 기독교교육 교육과정에 대한 인식론적 고찰
 현대교회와 교육　　　　　　　　　　　　　　　　　　　　　　　　2001

27. 21세기의 학교와 기독교교육 : 학교붕괴에 대한 기독교교육적 대응
 총회교육부　　　　　　　　　　　　　　　　　　　　　　　　　　2001

28. 청년부 교육계획과 교육 커리큘럼
 전국청년목회컨벤션2002　　　　　　　　　　　　　　　　　　　　2002

29. 제언 - 21세기를 여는 청소년 교육
 선교타임즈 통권69호, p. 74-77　　　　　　　　　　　　　　　　　2002

30. 성서교육의 새로운 모델
 성서마당(한국성서학연구소)　　　　　　　　　　　　　　　　　　2002

31. 기독교교육과정 이론의 체계적 분류에 관한 연구
　　예영커뮤니케이션　　　　　　　　　　　　　　　　　　　　2002

32. "가정을 위한 교회교육" : 하나님의 나라와 가정
　　한국장로교출판사　　　　　　　　　　　　　　　　　　　　2002

33. 장신대 신학교육 성명을 통해 본 기독교교육 커리큘럼의 새로운 방향
　　『敎會와 神學』, 제51집, p. 45　　　　　　　　　　　　　　2002

34. 교회교육의 새로운 접근 성육신 모델
　　『교육교회』, 통권299호, p. 2-9　　　　　　　　　　　　　2002

35. 교육교회, 학문과 현장을 잇는 가교
　　『교육교회』, 통권300호, p. 6　　　　　　　　　　　　　　2002

36. 박상진 교수가 말하는 기독교교육 이야기
　　『교회와 교육』, 통권168호, p. 118-128　　　　　　　　　　2003

37. 포스트모던 시대의 교회교육정책 방향
　　『교육교회』, 통권309호, p. 16-22　　　　　　　　　　　　2003

38. 세대간차이 극복 교육
　　『교육교회』, 통권313호, p. 16-22　　　　　　　　　　　　2003

39. 기독교교육과 커뮤니케이션 - 교회를 위한 신학
　　『敎會와 神學』, 제55집, p. 62-71　　　　　　　　　　　　2003

40. Conversion and Develop. ent in Fowler's Theory of Faith Development
　　- Korea Presbyterian Journal of Theology
　　장로회신학대학교출판부　　　　　　　　　　　　　　　　　2003

41. 기독교교육학의 학문성 탐구 : 기독교교육학의 하위영역 분류를 중심으로
　　- 21세기 신학의 학문성
　　장로회신학대학교출판부　　　　　　　　　　　　　　　　　2003

42. 하나님을 알게 하는 공동체 신앙교육, 교육목회
　　총회교육부　　　　　　　　　　　　　　　　　　　　　　　2003

43. 하나님을 경험하는 교육이 필요합니다
　　『목회와 신학』, 통권167호, p. 158-164　　　　　　　　　　2003

44. 입시생에 대한 기독교적 이해와 패러다임 :
　　입시과열에 대한 기독교적 패러다임 이해
　　『목회와 신학』, 통권173호, p. 146-151　　　　　　　　　　2003

45. 교육커뮤니케이션 - 기독교 커뮤니케이션
   예영커뮤니케이션   2004

46. "(교수학습개발원 운영에 관련한) 수업지원 요구도 조사"
   장로회신학대학교 교수학습개발원   2004

47. 교회교육의 건강도를 체크하라 : 건강한 목회를 위한 10대 제언 교육
   『목회와 신학』, 통권181호, p. 101-107   2004

48. 2004년 교회교육의 전망
   『교육교회』, 통권320호, p. 4-10   2004

49. 감사메시지 : 교육교회 서른 돌의 감사
   『교육교회』, 통권327호, p. 1   2004

50. 교사교육의 새로운 패러다임 : 교사교육 어떻게 할 것인가?
   『교육교회』, 통권327호, p. 4-14   2004

51. 기독교학교의 정체성
   『교육교회』, 통권338호, p. 4-9   2005

52. 한국 교회가 교육 회복을 위해 할 수 있는 일
   『목회와 신학』, 통권189호, p. 101-104   2005

53. 교회 학교를 살리는 신학 교육 : 한국 신학 교육의 현주소와 대안
   『목회와 신학』, 통권201호   2006

54. 신앙윤리와 교회교육
   『교육교회』, 통권350호, p. 16-22   2006

55. 교회교육의 패러다임 변화
   『교육교회』, 통권363호, p. 14-22   2007

56. 여름수련회의 패러다임 변화 : 여름수련회의 일곱 가지 색깔
   『교육교회』, 통권370호, p. 14-19   2008

57. 기독교학교의 나아가야 할 방향 - 기독교학교교육 현장에 근거하여
   『교육교회』, 통권380호, p. 14-19   2009

58. 청소년을 품는 기독교교육 : 청소년, 그들을 이해하고 그들의 고민을 해결하라
   『교육교회』, 통권391호, p. 14-20   2010

59. 부모의 신앙이 자녀를 변화시킵니다 : 대를 잇는 신앙, 부모가 만든다
   『목회와 신학』, 통권251호   2010

60. 교육교회가 만난 사람
　　『교육교회』, 통권403호, p. 5-7　　　　　　　　　　　　　　　　2011

61. 교사교육의 새로운 모델 : 한국 교회의 교사교육을 진단한다
　　『교육교회』, 통권416호, p. 14-22　　　　　　　　　　　　　　　2012

62. 교육기획, 이렇게 하라 : 교육기획을 위한 십계명
　　『교육교회』, 통권428호, p. 14-20　　　　　　　　　　　　　　　2013

63. 교사가 바로 선 교회학교 : 흔들리는 교사, 흔들리는 교사교육
　　『교육교회』, 통권438호, p. 14-20　　　　　　　　　　　　　　　2014

64. 학교 영역에서의 차세대 기독교교육 : 한국교회, 4/14 윈도우를 주목하라
　　『목회와 신학』, 통권299호　　　　　　　　　　　　　　　　　　2014

65. 세월호 참사 1주기와 학교교육의 변혁
　　『목회와 신학』, 통권310호　　　　　　　　　　　　　　　　　　2015

66. 어떤 기독교 학교를 세울 것인가 : 교회가 운영하는 학교, 학교를 운영하는 교회
　　『목회와 신학』, 통권311호　　　　　　　　　　　　　　　　　　2015

67. 인성교육진흥법, 기독교교육의 기회인가?
　　『목회와 신학』, 통권314호　　　　　　　　　　　　　　　　　　2015

68. 10가지 키워드로 본 2015 한국 교회 목회 지형도
　　『목회와 신학』, 통권318호　　　　　　　　　　　　　　　　　　2015

69. 교회교육 컨설팅의 원리
　　『교육교회』, 통권442호, p. 18-26　　　　　　　　　　　　　　　2015

70. 학교가 웃을 수 없는 이유
　　『교육교회』, 통권453호, p. 10-17　　　　　　　　　　　　　　　2016

71. 교단의 바람직한 신학교 운영 : 교단의 역할과 사명
　　『목회와 신학』, 통권327호　　　　　　　　　　　　　　　　　　2016

72. 수능과 입시를 대하는 기독교교육적 관점
　　『목회와 신학』, 통권329호　　　　　　　　　　　　　　　　　　2016

73. 만나고 싶었습니다 : 박상진 교수 - 기독교교육 생태계의 회복
　　『좋은교사』, 통권200호　　　　　　　　　　　　　　　　　　　2017

74. 고학력 시대와 교육목회('2015년 인구 주택 총 조사'로 생각하는 기독교교육적 의미들)
　　『목회와 신학』, 통권332호　　　　　　　　　　　　　　　　　　2017

75. 디지털 언어로 소통하는 디지털 세대 교육목회 : 디지털 시대의 목회와 목회자
『목회와 신학』, 통권335호 2017

76. 목적을 달성하게 하는 교육 점검의 틀 : 목회 건강 검진, 받으셨나요?
『목회와 신학』, 통권341호 2017

77. 기독교교육생태계의 회복 : 품모델
『교육교회』, 통권467호, p. 10-16 2017

78. 차세대를 위한 기독교 통일 교육 : 평화의 마중물 한국 교회
『목회와 신학』, 통권351호 2018

79. 가정 중심의 신앙 교육 : 신앙의 유산을 잇는 교회와 가정
『목회와 신학』, 통권359호 2019

80. 자유학기제란 무엇인가? : 교회의 이해와 역할
『목회와 신학』, 통권360호 2019

81. 기독자사고 재지정 취소, 어떻게 볼 것인가?
『목회와 신학』, 통권363호 2019

82. 분야별 의제들과 교회의 공적 역할 : 교육분야
『목회와 신학』, 통권365호 2019

83. 자녀교육의 원천으로서의 성경교육
『교육교회』, 통권486호, p. 23-28 2019

84. 언택트 속에서 컨텍트를 추구하는 성육신 교육 목회 : 비대면 시대 목회 전략
『목회와 신학』, 통권375호 2020

85. 코로나19로 인한 교회교육 위기와 기독교교육적 응전
『교육교회』, 통권493호, p. 10-15 2020

86. 코로나 19 이후의 다음 세대 목회 디자인 - 유바디 교육목회(1)
『목회와 신학』, 통권384호 2021

87. 왜, 유바디 교육목회인가? - 유바디 교육목회(2)
『목회와 신학』, 통권385호 2021

88. 하나님의 교육 디자인 : 부모를 세워라 - 유바디 교육목회(3)
『목회와 신학』, 통권386호 2021

89. 다음 세대 신앙과 학업을 연계하라 - 유바디 교육목회(4)
『목회와 신학』, 통권387호 2021

90. 부모 발달 단계에 따른 교육으로 자녀의 신앙을 세우다 - 유바디 교육목회(5)
『목회와 신학』, 통권388호 2021

91. 유바디 교육목회 : 목회와 교육을 재정의하라 - 유바디 교육목회(6)
『목회와 신학』, 통권389호   2021

92. 대안교육기관에 관한 법률 시행과 기독교대안학교의 과제
『목회와 신학』, 통권390호   2021

93. 올라인 교육목회, 회고와 전망
『교육교회』, 통권509호, p. 10-17   2021

94. 주선애 교수님과 기독교교육
『교육교회』, 통권517호, p. 15-19   2022

95. 기독교대안학교의 유형과 정체성 - 세계관으로 교육하는 대안학교(1)
『목회와 신학』, 통권395호   2022

96. 기독교대안학교 설립, 어떻게? - 세계관으로 교육하는 대안학교(2)
『목회와 신학』, 통권396호   2022

97. 기독교대안학교의 교육 과정 디자인 - 세계관으로 교육하는 대안학교(3)
『목회와 신학』, 통권397호   2022

98. 기독교대안학교의 두 축, 교사와 학부모 - 세계관으로 교육하는 대안학교(4)
『목회와 신학』, 통권398호   2022

99. 기독교대안학교의 재정과 향후 과제 - 세계관으로 교육하는 대안학교(5)
『목회와 신학』, 통권399호   2022

100. 스페셜 인터뷰 : 박상진 교수
   애통함의 깊이만큼 기독교교육의 변화가 일어납니다
『목회와 신학』, 통권406호   2023

학력

신일고등학교
성균관대학교 교육학과 (B.A.)
서울대학교 대학원 교육학과 (M.Ed.)
장로회신학대학교 신학대학원 (M.Div.)
장로회신학대학교 대학원 기독교교육과 (M.A.)
미국 Presbyterian School of Christian Education (M.A.)
미국 Union Theological Seminary & Presbyterian School of Christian Education (Ed.D.)

경력

한국행동과학연구소 연구원
한국정신문화연구원 연구조사원
한국교육개발원(KEDI) 연구원
한국기독교사회(TCF) 대표간사
상도중앙교회 교육전도사
장석교회 전임전도사, 부목사
서울북노회 목사안수(1990)
장로회신학대학교 기독교교육연구원 책임연구원
『교육교회』 편집인
경천교회, 예능교회 교육목사
버지니아 소망교회 설교목사
경민교회 담임목사
높은뜻숭의교회 석좌교수
김상현순교자기념 석좌교수
장로회신학대학교 전임강사, 조교수, 부교수, 교수

장로회신학대학교 기독교교육과장, 교육대학원장
장로회신학대학교 교수학습개발원장, 기독교교육연구원장
장로회신학대학교 학생지원처장, 리더십아카데미 원장
장로회신학대학교 신학대학원장
장로회신학대학교 대학원장
총회 100주년기념 공과개발 책임연구원
한국기독교교육학회(제30대) 회장
현 장로회신학대학교 기독교교육학 교수
현 높은뜻광성교회 협동목사
현 기독교학교교육연구소 소장
현 유바디교육목회연구소 소장
현 (사)사학법인미션네트워크 상임이사
현 쉼이있는교육 대표
현 (사)좋은교사운동 이사
현 (사)사교육걱정없는세상 이사
현 학교법인 염광학원 이사
현 총회커리큘럼 위원
현 총회 제5차 교육과정 개발 책임연구원
현 총회 사학법재개정위원회 전문위원
현 총회 다음세대 중장기 대책위원
현 서울시 교육청 대안학교 설립운영위원회 부위원장